Info Verlag · David Depenau & Ariane Lindemann · **Ettlinger Köpfe**

David Depenau, geb. 1970 in Karlsruhe. Ausbildung zum Restaurantfachmann im Hotel-Restaurant Erbprinz in Ettlingen. Diverse Berufsstationen, u.a. im Restaurant Bareiss des Hotel Bareiss, im Restaurant Le Chat botté im Hotel Beau-Rivage in Genf/CH, später Geschäftsführer einer Karlsruher Diskothek und eines Cafes und eineinhalb Jahre Flugbegleiter bei LTU. Hotelfachschule Heidelberg mit Abschluss zum Hotelbetriebswirt/EURHODIP. Seit 1999 wieder im Hotel-Restaurant Erbprinz tätig, dort u.a. für Marketing verantwortlich, später dann als Kaufmännischer Leiter und Stellvertretender Direktor, seit 2005 als Direktor des Hauses. Verschiedene Buchpublikationen zu stadt- und regionalgeschichtlichen Themen, Mitglied der Stadtgeschichtlichen Kommission der Stadt Ettlingen.

Ariane Lindemann M.A., geb. 1966 in Karlsruhe. Nach der Ausbildung zur Verlagskauffrau Studium der Kunstgeschichte an der Universität Karlsruhe. Bildredakteurin verschiedener Wochenzeitschriften. Freie publizistische Tätigkeit. 2004 erschien ihr Buch „Karlsruher Köpfe".

David Depenau
Ariane Lindemann

Ettlinger Köpfe

Menschen, die man
in Ettlingen kennt

INFO VERLAG

Wir freuen uns über Hinweise und Anregungen an:
Info Verlag, Käppelestraße 10, 76131 Karlsruhe
oder per E-Mail an: ettlingen@infoverlag.de

Herausgegeben von
Thomas Lindemann

Idee & Konzept
Ariane Lindemann

Redaktion
David Depenau
Ariane Lindemann

Mitarbeit
Sabrina Dudenhoeffer, Iris Koch,
Stephan Rüth

Satz & Gestaltung
Constanze Lindemann

Druck
Engelhardt & Bauer, Karlsruhe

Fotonachweis
Benda, Ernst: dpa/Picture-Alliance · Flügge, Jürgen: Fabry · Kern, Traudel: John R. Wright
Lederbogen, Rolf: Dagmar Zschocke · Möller, Karl-Dieter: SWR · Raase, Hubert: GES
Schäfer, Winfried: GES · Vogel, Rudi: David Depenau

Bibliografische Information Der Deutschen Bibliothek
Die Deutsche Bibliothek verzeichnet diese Publikation in der
Deutschen Nationalbibliografie; detaillierte bibliografische Daten
sind im Internet über http://dnb.ddb.de abrufbar.

Alle Rechte vorbehalten. Nachdruck, auch auszugsweise,
ohne Genehmigung des Verlages nicht gestattet.

© 2005 · Info Verlag GmbH
Postfach 33 67 · D-76019 Karlsruhe
Käppelestraße 10 · 76131 Karlsruhe
Telefon (0721) 61 78 88 · Fax 62 12 38
e-mail: info@infoverlag.de
www.infoverlag.de

ISBN 3-88190-417-4

Ariane Lindemann & David Depenau
Editorial

Über die Stadt Ettlingen sind zu recht schon viele Publikationen erschienen. Die Stadt, in der sich bereits die Römer niederließen und wohl fühlten, bietet eine Vielzahl an Sehenswertem in und um die teilweise noch vorhandenen Stadtmauern.

Eine Stadt wäre aber nichts ohne die Menschen, die in ihr leben und sie am Leben erhalten. Nach dem großen Erfolg des im letzten Jahr erschienen Buches „Karlsruher Köpfe" gibt es nun erstmals auch eine Ettlinger Ausgabe dieses Nachschlagewerkes, das die Leute schlaglichtartig beleuchtet, die man in Ettlingen kennt.

Es enthält Leute, die in Ettlingen geboren sind, die in Ettlingen leben oder wirken. Dabei handelt es sich um Personen aus den verschiedensten Bereichen des öffentlichen Lebens: Politiker und Privatiers sind in ihm ebenso vertreten wie Sportler, Leute aus Kunst und Kultur ebenso wie Unternehmer und Wissenschaftler.

Fotos: Sven Leupold

Die Auswahl der in diesem Buch vertretenen Personen erfolgte durch die Autoren, die sich bei der Auswahl, die nur subjektiv sein kann, größtmögliche Objektivität abverlangten und sich von etlichen Ettlingern beraten ließen. Die Auswahl kann nicht vollständig sein, schon alleine deshalb nicht, weil einige der Angeschriebenen zum Schutze ihrer Privatsphäre nicht in diesem Buch aufgeführt sein wollten. Dies war zu respektieren und erklärt das Fehlen einiger Persönlichkeiten. Für folgende Ausgaben freuen sich die Autoren jederzeit, Hinweise von interessierten Lesern über weitere aufzunehmende Personen zu erhalten.

Konzipiert ist das Buch als Nachschlagewerk über Leute, die man in Ettlingen kennt. Beim Durchblättern der Seiten von A bis Z wird einem bewusst, wie viele interessante Leute in Ettlingen wohnen oder arbeiten.

Leute, die man kennt, die man kennen sollte oder die man vielleicht ja noch kennen lernen möchte? Am Schluss der biografischen Texte steht in den meisten Fällen in *kursiver Schrift* jeweils ein kurzes berufliches oder persönliches *Leitmotiv* oder *Lebensmotto*.

Den Verfassern des Buches hat das Zusammenstellen viel Freude bereitet. Ihr Dank gilt allen, die bei der Erstellung mit Beiträgen, Hinweisen oder Anregungen hilfreich waren. Ein ganz besonderer Dank an die Mitarbeiter des Info Verlags, die auch dieses Buch mit sehr viel Engagement und Sorgfalt vorbereitet haben.

Asché, Dr. Eberhard René
Lehrer
Mitglied des Ettlinger Gemeinderates
geb. 1954 in Erlangen

Schulausbildung an der Thiebauthschule und am Eichendorff Gymnasium in Ettlingen. Wehrdienst. Studium an der Universität Karlsruhe. Referendariat; Lehrbefähigung für das Lehramt an Gymnasien. Promotion zum Dr. phil. an der Universität Sofia. Regionalverkaufsleiter bei Procter & Gamble. Vorstandsmitglied im Regionalen Expertenkreis für Osteoporose Baden-Württemberg, bei der AWO, im SPD-Stadtverband und im SPD-Ortsverein. Ehrenmitglied der Rheumaliga Baden-Württemberg. Seit 2004 SPD-Stadtrat. Ehemaliger aktiver Leichtathlet und Landestrainer, mehrfacher Badischer Meister, Gründungsmitglied des Lauftreffs Ettlingen. Initiator des Ettlinger Tanzsports, des Bewegungsprojektes für Ettlinger Kindergartenkinder, des Gesundheitstags, der Herzrettungskette, des Gesundheitsforums und des Lebensmittel-Hauslieferservices für alte und gehbehinderte Menschen in Ettlingen. Dozent an der Ettlinger Kinder-Sommerakademie.

Gesund leben in einer gesunden Stadt.

Bardusch, lic. oec. HSG Carl-F.
Geschäftsführender Gesellschafter
geb. 1937 in Karlsruhe

Das von ihm geleitete Familienunternehmen gehört zu den ältesten und angesehensten in Ettlingen.
Nach Abitur und dem Besuch der Handelsschule Studium an der Hochschule St. Gallen mit Abschluss zum Diplom-Volks- und Betriebswirt. Spricht fünf Sprachen. Nach verschiedenen Auslandsaufenthalten starke Forcierung der internationalen Ausrichtung der Bardusch-Unternehmen. Wandel des handwerklich geprägten Wäschereiunternehmens Bardusch (Familienunternehmen seit 1871) zu einem industriell geprägten Dienstleistungsunternehmen mit heute weltweit mehr als 3.000 Mitarbeitern.

Perfektion ist nicht alles.

Barth, Margareta
Präsidentin der Landesanstalt für Umweltschutz Baden-Württemberg
geb. 1954 in Freiburg

Sie war die erste Frau in der Bürgermeisterriege des Ettlinger Rathauses. 1973 Abitur am Faust-Gymnasium in Staufen. Von 1973 bis 1978 Jurastudium an der Albert-Ludwigs-Universität in Freiburg. Erstes juristisches Staatsexamen in Freiburg 1978. Von 1978 bis 1980 Referendarzeit am Landgericht in Freiburg. 1980 Zweites juristisches Staatsexamen in Stuttgart. Von 1981 bis 1983 Wissenschaftliche Assistentin beim Bundestagsabgeordneten Hans-Peter Repnik in Bonn. Von 1983 bis 1984 Assessorin beim Landratsamt Bodenseekreis in Friedrichshafen, Leitung des Bauamtes. Von 1984 bis 1986 Persönliche Referentin des Staatssekretärs im Sozialministerium in Stuttgart. Von 1986 bis 1988 Parlamentarische Beraterin der CDU-Landtagsfraktion. Von 1988 bis 1991 Bürgermeisterin der Stadt Ettlingen. Von 1991 bis 1996 Leiterin der Abteilung Grundsatz und Verwaltung des neugegründeten Verkehrsministeriums Baden-Württemberg, daran anschließend Abteilungsleiterin im Ministerium für Umwelt und Verkehr Baden-Württemberg in Stuttgart. Seit 1997 Präsidentin der Landesanstalt für Umweltschutz Baden-Württemberg (LfU) mit Sitz in Karlsruhe.

Baumann, Eva Maria
Leiterin der Nachbarschaftshilfe Ettlingen
geb. 1946 in Ettlingen

Seit 1982 ehrenamtliche Mitarbeit in der katholischen Pfarrei Herz-Jesu Ettlingen – in der Kommunion- und Firmvorbereitung und in der Vinzenskonferenz. 1988 Gründung des Kammerchores Ettlingen. Langjährige erste Vorsitzende. Seit 1989 Aufbau und Einsatzleitung der Nachbarschaftshilfe Ettlingen, Mitarbeit in verschiedenen Arbeitskreisen. Von 1990 bis 2005 Mitglied des Pfarrgemeinderates der Pfarrei Herz-Jesu Ettlingen. Mitarbeit in verschiedenen Arbeitskreisen. Seit 1995 Mitglied des AK – Hospiz Ettlingen. Seit 2002 Mitglied des AK – Bürgerstiftung Ettlingen.

Die wahre Lebenskunst besteht darin, im Alltäglichen das Wunderbare zu sehen.

Binoth, Sascha M.
Citymanager
geb. 1968 in Karlsruhe

Seinen beruflichen Wirkungskreis als Citymanager hat er in Karlsruhe, aber Ettlingen ist er seit frühester Jugend verbunden. Hier wuchs er auf und hier hat er auch seinen Wohnsitz. Seine Eltern betreiben das ehemalige Spezialitäten-Restaurant „Pfeffermühle". Fachhochschulreife. Ausbildung als Einzelhandelskaufmann bei Hertie in Karlsruhe. Von 1990 bis 1992 Ausbildung bei der Stadtverwaltung Karlsruhe. Von 1992 bis 1994 Studium an der Fachhochschule für öffentliche Verwaltung in Kehl mit Abschluss Diplom-Verwaltungswirt (FH). Abendstudium an der Wirtschaftsakademie in Karlsruhe. Aufbaustudium Medienpädagogik und Bildungsmanagement an der FH Furtwangen. Danach war er in verschiedenen beruflichen Sparten und Funktionen tätig, u.a. an der Staatlichen Hochschule für Musik und Darstellende Kunst in Heidelberg-Mannheim, Abteilungsleiter beim Baden-Württembergischen Handwerkstag, Geschäftsführer der Büroinformationselektroniker-Innung Stuttgart, Geschäftsführer des Landesinnungsverbandes und Fachverbandes Büro- und Computertechnik Baden-Württemberg. Geschäftsführer bei EKS BüCom, Einkaufs- und Beratungsgesellschaft der Büro- und Computerfachbetriebe in Baden-Württemberg, Stuttgart. Projektleiter des Electronic Commerce Centrum Stuttgart, Geschäftsstelle Baden-Württembergischer Handwerkstag. Geschäftsführer des Fachverbandes Meteko, Medientechnologie, Kommunikation, Information und Bürowirtschaft Südwest e.V. Seit 2001 ist er Citymanager der Stadtmarketing Karlsruhe GmbH und seit 2003 Citymanager/eschäftsführer der City Initiative Karlsruhe e.V. Er bekleidet zahlreiche Ehrenämter.

Blau, Karl-Ludwig
Industrie-Unternehmer
geb. 1920 in Ettlingen

Besuch der Thiebauthschule und der Kant-Oberrealschule. Praktikantenzeit im Ruhrgebiet im technischen und betriebswirtschaftlichen Sektor. 1939 Arbeitsdienst und Wehrmacht. An der Ostfront verwundet, 1945 aus dem Lazarett entlassen. 1946 gründete er die Zementwarenfabrik Karl Ludwig Blau,

1948 zusammen mit Dr. Hartmut Maier-Gerber die Ferma-Werke, ein Unternehmen, das Betonwaren herstellte und ein Sand-, Kies- und Splittwerk betrieb. Ein Jahr später gemeinsame Gründung der Elba-Werke, einer Fabrik zur Herstellung von Baumaschinen. 1962 Gründung der Indubau GmbH. Weltweit baute Blau in diesen Jahren in über 20 Ländern Fabriken und Handelsgesellschaften auf. 1980 Rückzug aus dem Unternehmen. Er gilt als Vater des Ettlinger Industriegebietes. Nicht nur als Industrieller sind sein Name und seine Verdienste mit Ettlingen sehr verbunden, sondern auch durch seine langjähriges Engagement im Ettlinger Gemeinderat, dem er von 1947 bis 1958 als Mitglied der CDU-Fraktion angehörte und die er acht Jahre als Fraktionsvorsitzender leitete. Überdies war er Mitglied des Kreistages und stets auch ein Förderer der Vereine. Er erhielt zahlreiche Ehrungen und Auszeichnungen im In- und Ausland. Als Regionalbeauftragter für Mittelbaden hat er sich auch um die deutsch-französische Verständigung verdient gemacht.

Sage mir, mit wem Du umgehst, und ich sage Dir, wer Du bist.

Bloss, Prof. Dr. Hans A.
Professor em.
geb. 1939 in Pühlheim bei Nürnberg

Bekannt wurde er vor allem durch seine erfolgreichen Fitness-Ratgeber zum Thema Kraft-, Ausdauer- und Konditionstraining.
1960 bis 1966 Studium der Politikwissenschaft, Sport und Geschichte an den Universitäten Erlangen, Göttingen und Freiburg i. Br. 1966 Staatsexamen für das Höhere Lehramt. 1966 bis 1968 Promotion als DAAD-Stipendiat in Sportwissenschaft bei Prof. Dr. Hans Groll an der Universität Wien. 1968 bis 1971 Referendar- / Assessorenausbildung in Nürnberg und Bremen. 1971 Ernennung zum Studienrat. 1971 bis 1972 Assistenzprofessor für Sportwissenschaften an der Freien Universität Berlin. Seit 1972 Professor für Sportpädagogik an der Pädagogischen Hochschule Karlsruhe. Von 1974 bis 1975 Leiter eines Entwicklungshilfeprojektes der deutschen Bundesregierung in Kolumbien zum Aufbau von sportwissenschaftlichen Fakultäten in Medellin und Cali. Von 1985 bis 1986 Lehrstuhlvertreter für Sportwissenschaft an der Universität des Saarlandes. 1995 Lehrauftrag der Universität Potsdam für Trainingslehre / Sportmedizin. Einladungen zu Gastvorlesungen an den Universitäten: Washington University USA (1978); Wingate-Institut, Israel (1982 u. ff.); Australian College of Physical Education /Australien (1991); Universidad Pedagógica Nacional de Honduras (2004/05). Lebt in Ettlingen.

Glücklich darf man nur jemanden nennen, der weder Wünsche hegt noch Furcht empfindet ... (Seneca)

Bloss, Kirsten
Lehrerin, Malerin
geb. 1942 in Bremen

Studium der Pädagogik, Psychologie, Musik und Kunst an der Pädagogischen Hochschule Bremen. Studium der Kunst von 1964 bis 1966 bei Prof. H. Duve. Klassen an der Bremer Kunstschule (Schwerpunkt Zeichnen und Malerei). 1966 bis 2000 Schuldienst an Grund- und Hauptschulen in Bremen, Berlin, Karlsruhe und Ettlingen. 1974 bis 1975 Aufenthalt in Kolumbien. Seit 1985 ständige Ausstellungen in Deutschland. Lebt und arbeitet seit 1972 in Ettlingen.

Humor ist der beste Schwimmring auf dem Strom des Lebens.

Böhne, Dr. med. Michael
Arzt,
Mitglied des Ettlinger Gemeinderates
geb. 1935 in Schmalkalden / Thüringen

Abitur 1955. Medizinstudium in Heidelberg, Kiel und München. Fachausbildung an der Universität Heidelberg und am St. Vincentiushaus in Karlsruhe. Ab 1968 selbständiger HNO-Arzt in Ettlingen. Seit 1987 im Gemeinderat der Stadt Ettlingen für die FDP.

Erwarte nicht zuviel!

Böhringer, Dr. Hartmut
Apotheker
geb. 1945 in Karlsruhe

1965 Abitur. Anschließendes Pharmaziestudium mit Staatsexamen 1970 und Approbation 1971. 1972 Übernahme der „Apotheke 29" in Karlsruhe. Ab 1972 wissenschaftlicher Assistent am Institut für pharmazeutische Technologie und

Biopharmazie an den Universitäten Karlsruhe und Heidelberg. 1976 Promotion. Diverse wissenschaftliche Publikationen. 1993 Weiterbildung zum Fachapotheker für Offizinpharmazie und Gesundheitsberatung. Seit 1982 Fortbildungsbeauftragter der Landesapothekerkammer Baden-Württemberg: Vorträge über medizinisch-pharmazeutische Themen u.a. bei AOK, Naturheilverein, Kneipp-Verein, Rheumaliga. Gast bei Gesundheitsmagazinen von BTV Baden und R.TV Baden.

Leben und leben lassen.

Brädle, Andy
Friseurmeister
geb. 1956 in Karlsruhe

Beide Eltern Friseurmeister in Karlsruhe. Von 1972 bis 1975 Friseurlehre im elterlichen Betrieb. Von 1975 bis 1978 Geselle bei Dieter Keller in Stuttgart, zu jener Zeit Deutscher Meister der Friseure. Von 1978 bis 1980 Grundwehrdienst. 1980 Meisterprüfung in Bayreuth. Anschließend Leitung einer Filiale in Karlsruhe. 1984 Gründung des heutigen Geschäftes in Ettlingen. Von 1980 bis 1995 ehrenamtlich in der Karlsruher Friseurinnung tätig in verschiedenen Funktionen: u.a. als Leiter von Modeveranstaltungen, im Prüfungsausschuss sowie bei Meistervorbereitungskursen. Vorstand im Landesverband der Friseure Baden-Württemberg. Von 1982 bis 1990 intensives Preisfrisieren mit dem Gewinner der Landesmeisterschaft Baden-Württemberg 1988.

Leben und leben lassen!
Arbeiten und genießen. Gesundheit und Bewegung in der Natur.

Brand, Christian
Vorsitzender des Vorstands der L-Bank
geb. 1949 in Dortmund

Seinen Arbeitsplatz, den hat er zwar in Karlsruhe am Zirkel mit Blick auf das Schloss, aber seinen Wohnsitz in Ettlingen.
Ausbildung zum Bankkaufmann und Studium in Wirtschaftswissenschaften zum Diplom-Ökonom an der Universität Augsburg. Beginn der beruflichen Laufbahn bei der Westdeutschen Landesbank, 1980 Berufung zur WestLB nach

London. In der Folge Stationen bei der Londoner Orion Royal Bank, bei J. P. Morgan Securities in London und J. P. Morgan in Frankfurt. Zuletzt verantwortlich für die Distribution der weltweiten Kapitalmarktprodukte in Deutschland. Ab 1992 stellvertretender Vorsitzender des Vorstands der L-Bank. Seit 1. Januar 2001 Vorsitzender des Vorstands der L-Bank.

Der Herr gebe uns Geduld und vergnügte Herzen.

Brandau, Senator E.h. Hans
Dipl.-Betriebswirt,
Vorstandsvorsitzender i.R.
geb. 1937 in Münster, Kreis Dieburg

Ausbildung zum Versicherungskaufmann. Studium an der Deutschen Versicherungsakademie, Köln (Dipl.-Betriebswirt). Volontariat bei Helvetia Versicherungen, Schweiz; Prokurist der Helvetia Direktion für Deutschland, Frankfurt/M.; Filialdirektor der Helvetia, Filialdirektion Karlsruhe. Vorstandsvorsitzender des Badischen Gemeinde-Versicherungs-Verbandes, Karlsruhe. Vorstandsvorsitzender Badische Allgemeine Versicherung AG, Karlsruhe. Schied zum 31.8.2005 aus dem Vorstand der beiden Gesellschaften aus, wirkt jedoch weiterhin in verschiedenen Gremien aktiv mit: Aufsichtsratsvorsitzender der OVAG Ostdeutsche Versicherung AG, Berlin; Aufsichtsratsmitglied der Badischen Rechtsschutzversicherung AG, Karlsruhe; Aufsichtsratsmitglied der OKV Ostdeutsche Kommunalversicherung a.G., Berlin. Beiratsmitglied Gerling-Konzern, Köln; Landesbank Baden-Württemberg (LBBW), Hockenheim-Ring GmbH, Hockenheim; Kuratoriums-Mitglied der Kulturstiftung Festspielhaus Baden-Baden.

Braun, Horst
Schauspieler, Regisseur, Oberspielleiter am Badischen Staatstheater a.D.
geb. 1913 in Chemnitz

Seine herausragenden Rollen waren „Mephisto" in Goethes Faust und „Der arme Bitos".
Nach Abitur in Chemnitz 1933 Ausbildung an der Max-Reinhardt-Schule am Deutschen Theater Berlin. Erste Engagements in Heidelberg und Freiburg. 1938 Europa-Tournee mit Heinrich Ge-

orge. Nach Kriegsdienst Engagement in Kiel, ab 1947 in Essen unter der Intendanz von Karl Bauer. 1955 Wechsel nach Augsburg. Erste Regiearbeiten, auch erste Zusammenarbeit mit Hans-Georg Rudolph. Mit ihm Wechsel nach Kiel und 1963 nach Karlsruhe. Bis zum Ende der Ära Rudolph ca. 60 eigene Inszenierungen – von Shakespeare über Schiller und Goldoni bis zu zeitgenössischen Autoren. Seit 1972 Wohnsitz in Ettlingen.

Bretz, Dipl. Ing. Hans
Unternehmer
geb. 1940 in Bremen

Ambitionierter Fürsprecher für „Klasse statt Masse" für die Zukunft von Ettlingen.
Aufgewachsen in Ostfriesland, Stahlbauausbildung im Ruhrgebiet. Studium in Hessen, seit 1973 in der Kernstadt Ettlingens wohnhaft. Gesellschafter und Geschäftsführer Unternehmensgruppe Vollack, Karlsruhe. Über mehr als ein Jahrzehnt Präsident des Marketing Club Karlsruhe und Vorsitzender des Fördervereins des ZKM. Vorstandmitglied des Cyber Forum, Karlsruhe. Engagement in der Erwachsenenbildung als Referent und in Prüfungsausschüssen. Wirtschaftssenator im BVMW in Berlin. Mitglied im Industrieausschuss und in der Vollversammlung der IHK Karlsruhe und als Vertreter der Wirtschaft in der Regionalkonferenz. Im Skiclub Ettlingen engagiert für die Jugendförderung und in der Stadt Ettlingen für die Schmuckgalerie KARAT seiner Frau.

Niemals noch hat Routine
Berge versetzen können!

Braun von Stumm, Sheila-Yvonne
Schülerin, Miss Karlsruhe
Miss Baden-Württemberg-Mitte
geb. 1986 in Karlsruhe

Von 1992 bis 1995 Geschwister-Scholl-Schule in Ettlingen-Bruchhausen. Von 1995 bis 1996 Hans-Thoma-Schule in Ettlingen-Spessart. Von 1996 bis 2005 Albertus-Magnus-Gymnasium Ettlingen. Amtierende Miss Karlsruhe und Miss Baden-Württemberg-Mitte.

Lebe Deinen Traum,
träume nicht Dein Leben.

Büssemaker, Gabriela

Oberbürgermeisterin der Stadt Ettlingen
geb. 1956 in Nürnberg

Ihre Wahl als FDP-Kandidatin zur Oberbürgermeisterin im Jahre 2003 war eine echte Sensation und sorgte weit über Ettlingen hinaus für Schlagzeilen.
Abitur an der Deutschen Schule in Brüssel 1974. Von 1974 bis 1979 Studium der Romanistik, Philosophie und BWL in Aachen und Berlin. Anschließend Ausbildung zur Anwalts- und Notariatsfachangestellten in Kiel, Büroleiterin einer Anwaltskanzlei. 1987 Umzug der Familie von Kiel ins Rhein-Neckar-Dreieck. Ab 1989 Büroleiterin bei Anwälten in Mannheim und einem Notar in Ludwigshafen. Von 1995 bis 2003 selbstständig als Inhaberin einer Veranstaltungsagentur in Ludwigshafen. Ausbilderin u.a. für Veranstaltungskaufleute, Vorsitzende des Prüfungsausschusses in diesem Bereich bei der IHK-Pfalz. Seit Oktober 2003 Oberbürgermeisterin von Ettlingen. Seit September 2004 Mitglied im Kreistag des Landkreises Karlsruhe, Fraktionsvorsitzende der FDP, Mitglied im Landesvorstand der FDP in Baden-Württemberg.

Carpe diem – nutze den Tag

Busch-Wagner, Kira

Pfarrerin
geb. 1961 in Karlsruhe

Aufgewachsen in Karlsruhe, Abitur am Bismarckgymnasium. Studium der Evangelischen Theologie, teilweise auch Judaistik, in München, Berlin, Jerusalem (Israel) und Heidelberg. Seit 1998 als Pfarrerin in der Paulusgemeinde Ettlingen. Teilweise freie Tätigkeiten im publizistischen Bereich, Vorträge, Tagungen. Beauftragte für Presse und Öffentlichkeitsarbeit im Kirchenbezirk Alb-Pfinz. Veröffentlichungen in theologischen Periodika. Vorsitzende des landeskirchlichen Studienkreises „Kirche und Israel". Verheiratet, drei Kinder.

Gottes Barmherzigkeit hat noch
kein Ende, sondern ist alle Morgen neu.
(Klagelieder 3, 22)

Cadus, Dr. Joachim
Leitender Regierungsdirektor
geb. 1952 in Stuttgart

1970 Abitur am humanistischen Gymnasium in Mannheim. Grundwehrdienst. Erstes und Zweites juristisches Staatsexamen in Mannheim. Fünf Jahre Tätigkeit als Rechtsanwalt, anschließend Wissenschaftlicher Assistent am Lehrstuhl für Strafrecht und Rechtsdogmatik. Bei der Finanzverwaltung Baden-Württemberg seit 1984 als Sachgebietsleiter und als Organisationsreferent bei der Oberfinanzdirektion Karlsruhe. 1989 bis 1990 Besuch der Führungsakademie des Landes Baden-Württemberg. Ab 1991 Vorsteher des Finanzamtes in Neuenbürg. Seit 2002 Vorsteher des Finanzamtes Ettlingen.

Carpe diem.

Clapier-Krespach, Andrea
Amtsgerichts-Direktorin
geb. 1960 in Bretten

1979 Abitur. Von 1979 bis 1982 Studium an der Fachhochschule für Rechtspflege in Schwetzingen mit Abschluss Dipl.-Rpfl. (FH). Von 1982 bis 1987 Studium der Rechtswissenschaft in Heidelberg. Von 1987 bis 1990 Referendariat, anschließend von 1990 bis 1991 Abteilungsleiterin beim Versorgungsamt Heidelberg. Von 1991 bis 1994 Rechtsassessorin beim Amtsgericht, Landgericht und bei der Staatsanwaltschaft Karlsruhe, 1994 bis 2003 Richterin am Amtsgericht Bruchsal, dazwischen von 2001 bis 2002 Abordnung an das Oberlandesgericht Karlsruhe. Von 2003 bis 2004 Richterin im Strafsenat des Oberlandesgerichtes Karlsruhe. Seit 2005 Direktorin des Amtsgerichts Ettlingen. Sie war bereits als Zivil-, Straf-, Vormundschafts- und Familienrichterin tätig.

Gib jedem Tag die Chance,
der glücklichste Deines Lebens zu werden.

Dähne, Gernot
Diplom-Kaufmann
geb. 1965 in Karlsruhe

Abitur am Wilhelm-Röpke-Wirtschaftsgymnasium Ettlingen. Studium der Betriebswirtschaftslehre in Bamberg. Geschäftsführer der DeDeNet Internet- und Multimedia-Entwicklungen GmbH. Geschäftsführer der Dähne Verlag GmbH und gemeinsame Leitung des Fachverlags mit Bruder Marc Dähne. Beteiligung an der niederländischen MIXpress. B.V. durch den Dähne Verlag.

Liebe und genieße Dein Leben.
Du hast nur dieses eine.

Deckers, Heinz-Jürgen
Rechtsanwalt, Mitglied des Ettlinger Gemeinderates, FE-Fraktionsvorsitzender
geb. 1953 in Kleve

Mit der Gründung der Wählervereinigung „Für Ettlingen FE" sorgten er und seine Mitstreiter bei der Kommunalwahl 2004 für Furore. Aufgewachsen in Oberhausen im Ruhrgebiet. Nach dem Abitur 1973 Studium der Rechtswissenschaften in Heidelberg mit Abschluss Erstes und Zweites Staatsexamen 1982. Danach Arbeit als Rechtsanwalt und in einem Industrieunternehmen. Seit 1987 selbständig in Ettlingen. 1992 Zulassung als Steuerberater, 1993 Zulassung als Wirtschaftsprüfer. Im Herbst 2003 mit Freunden, die es leid waren, über Kommunalpolitik nur zu reden, Gründung der unabhängigen Wählervereinigung „Für Ettlingen-FE", die bei der Kommunalwahl 2004 auf Anhieb zur zweitgrößten Fraktion im Gemeinderat gewählt wurde. Seit 2004 Fraktionsvorsitzender der FE-Fraktion im Ettlinger Gemeinderat.

Ich liebe meine Familie
und aktiv sein macht mir Spaß.

Determann, Dr. Robert
Leiter des Amtes für Kultur und Sport
geb. 1956 in Meppen

Bei ihm laufen die Fäden der Ettlinger Aktivitäten rund um die Themen Kunst, Kultur, Sport und Vereine zusammen. Nach Abitur und Grundwehrdienst von 1978 bis 1983 Studium Musik, Literatur,

Theater, Philosophie an der Hochschule Hildesheim. Von 1984 bis 1987 Promotionsstudium an der Universität Karlsruhe im Fach Musikwissenschaft, von 1987 bis 1990 Leiter der Kunstschule an der Musik- und Kunstschule Bruchsal, seit 1991 Leiter des Amtes für Kultur und Sport in Ettlingen. Seit 1997 stellvertretender Vorsitzender der Arbeitsgemeinschaft der Kulturamtsleiter beim Städtetag Baden-Württemberg, seit 2000 Vorsitzender des Arbeitskreises Kultur der TechnologieRegion Karlsruhe, Gründung und Leitung des Arbeitskreises Bürgerschaftliches Engagement der Stadt Ettlingen, seit 2003 Geschäftsstelle der Bürgerstiftung Ettlingen.

Döring, Dr. h.c. Rudolf, MBA
Notarassessor und Rechtsbeistand
geb. 1948 in Stuttgart

Seit 1970 verheiratet, zwei Kinder. 1975 beruflicher Start bei der Württembergischen Hypothekenbank in Stuttgart. 1977 Wechsel zur Schitag Steuerberatungs- und Wirtschaftsprüfungsgesellschaft, 1982 Prokurist der Schitag. 1983 Wechsel zur Fa. G. Schneider & Söhne GmbH & Co KG in Ettlingen als Leiter des Querschnittbereichs Personal, Soziales, Recht. 1987 Geschäftsführer bei Schneidersöhne. 2000 selbstständiger Rechtsberater und Unternehmenssanierer in Karlsruhe. 2002 Partner der Anwalts- und Steuerkanzlei RDHW in Karlsruhe mit dem Schwerpunkt Sanierung und Mitwirkung bei PPP-Projekten. Württembergischer Notarassessor und Rechtsbeistand für Zivil-, Handels- und Gesellschaftsrecht.
Seit 1969 FDP Mitglied mit verschiedenen Funktionen im öffentlichen und parteiinternen Bereich. 1998 2. Vorsitzender des Sportvereins in Schluttenbach „Turnverein 1913 Schluttenbach". 1986 ehrenamtlicher Richter am Landesarbeitsgericht Stuttgart. Zeitweise Lehrbeauftragter bei der Berufsakademie Karlsruhe und an der Fachhochschule Karlsruhe.

Eble, Marion
Kauffrau,
Mitglied des Ettlinger Gemeinderates
geb. 1957 in Karlsruhe

Grundschule in Ettlingen. 1978 Abitur am Eichendorff-Gymnasium Ettlingen.

Bankkauffrau-Lehre bei der Sparkasse Ettlingen. Seit 1990 in der Firma Motorgeräte Eble. Seit 1994 CDU-Stadträtin und Frauen-Union-Vorsitzende in Ettlingen. Schatzmeisterin des Gewerbevereins Ettlingen e.V. und des Tageselternvereins Ettlingen.

Was Du tust, das tue richtig und bedenke das Ende.

Eichholz, Martin
Pastor
geb. 1960 in Schwelm / Westfalen

1979 Abitur. Von 1980 bis 1985 Studium am Theologischen Seminar Ewersbach. Danach Pastor der Freien ev. Gemeinden Bielefeld und Singen/Hohentwiel. Seit 2000 Pastor der Freien evangelischen Gemeinde (FeG) Ettlingen. Überregional tätig im seelsorgerlichen Bereich und in der Leitung der Freikirche. Verfasser verschiedener theologischer Artikel.

Soli deo gloria – Allein Gott sei Ehre.

Eichwede, Dipl.-Ing. Günther
Vorstand i.R.
geb. 1912 in Frankfurt / Höchst

Von 1960 bis 1969 Vorstandsmitglied der Maschinenfabrik Lorenz AG Ettlingen. Von 1954 bis 1972 Vorsitzender des Berufsbildungsausschusses der IHK Karlsruhe. Von 1961 bis 1972 Vorsitzender des Berufsbildungsausschusses beim Deutschen Industrie- und Handelstag (DIHT) in Bonn. Von 1963 bis 1967 Mitglied des beratenden Ausschusses für Berufsbildung bei der EG Kommission in Brüssel u.v.a., Goldene Verdienstmedaille der IHK Karlsruhe, Träger des Bundesverdienstkreuzes.

Für mich ist das Glas immer halb voll, nie schon halb leer.

Eigel, Christine
Lehrerin i.R., Autorin
geb. 1936 in Hirschberg

Journalistische Anfänge, Arbeit in der eigenen Familie, 25 Jahre Schuldienst. Texte in Anthologien, zusammen mit Ulrich Zimmermann Hörspiele, Jugendliteratur und Herausgebertätigkeit für Suhrkamp. 1984 Gründungsmitglied der

„Ateliergemeinschaft Wilhelmshöhe" in Ettlingen: zu Beginn einige Jahre Bau-Hilfsarbeit bei der Restaurierung des ehemaligen Luftkurhotels Wilhelmshöhe. 20 Jahre lang Organisation der literarischen Veranstaltungen des Kunstvereins Wilhelmshöhe Ettlingen mit über 100 Autoren und vielen Musikern. 1997/98 zusammen mit Hans Th. Lüpke und anderen Gestaltung der Ausstellung „100 Jahre Wilhelmshöhe". Seither intensive Arbeit an einem Buch über die wechselvolle Geschichte dieses markanten Ettlinger Gebäudes. Mitglied der Stadtgeschichtlichen Kommission.

Bloß nicht aufgeben!

Erhard, Wolfgang
Stadtverwaltungsdirektor
geb. 1954 in Karlsruhe

1976 Abschluss an der Fachhochschule für öffentliche Verwaltung in Kehl als Diplom-Verwaltungswirt(FH). Nach Berufsstart bei der Stadtverwaltung Karlsruhe seit 1979 bei der Stadt Ettlingen. 1985 abgeordnet zur Landesgartenschau Ettlingen GmbH. 1988 stellvertretender Amtsleiter des Stadtbauamtes / Leiter der Bauverwaltung. 1992 zum Leiter des Hauptamtes der Stadt Ettlingen gewählt und somit verantwortlich für die Bereiche Personal, Wirtschaftsförderung, EDV, Organisation, gemeinderätlicher Sitzungsdienst, Schulen, Öffentlichkeitsarbeit, Archiv. Persönlicher Arbeitsschwerpunkt: Wirtschaftsförderung. Mitglied in der Arbeitsgemeinschaft der Wirtschaftsförderer der Technologieregion Karlsruhe und im Arbeitskreis des Zweckverbandes Baden-Airpark – Söllingen sowie in verschiedenen Arbeitsgruppen des Städtetages Baden-Württemberg.

Leben und leben lassen.

Ernst, Wolfgang
Brandmeister, Geschäftsführer
geb. 1945 in Landau / Pfalz

Von 1960 bis 1963 Ausbildung zum Elektroinstallateur. Weiterbildung Fachrichtung Elektrotechnik. Von 1969 bis 1980 hauptberuflicher Werkfeuerwehrmann in der Raffinerie OMW, heute MIRO, mit Weiterbildung zum Brandmeister. Von 1980 bis 1986 Technischer Leiter der Firma Klingler Feuerschutz GmbH mit Firmensitz in Ettlingen, von

1986 bis heute deren Geschäftsführender Gesellschafter. Seit 1992 wohnhaft in Ettlingen-Oberweier, hier Erster Vorsitzender des Obst- und Gartenbauvereins. Seit 1999 Mitglied des Ortschaftsrates Oberweier, Verwaltungsmitglied des CDU-Ortsverbandes Oberweier, Verwaltungsmitglied des CDU-Stadtverbandes Ettlingen, stellvertretender ARGE-Vorsitzender Ettlingen-Oberweier.

Geht nicht – gibt's nicht.
Gib nicht auf –
es gibt immer einen Weg.

Eyselen, Dr. Birgit
Kinder- und Jugendärztin
Mitglied des Ettlinger Gemeinderates
geb 1954 bei Heilbronn

Nach dem Abitur 1973 Studium der Humanmedizin in Aachen. 1980 Zweites Staatsexamen, Approbation und Promotion. Anschließend Facharztausbildung an der Universitätskinderklinik Bonn. Seit 1986 niedergelassen als Kinder- und Jugendärztin in Ettlingen. Seit 2003 Mitglied der unabhängigen Wählervereinigung „Für Ettlingen FE" und seit 2004 Stadträtin in Ettlingen. Besonderes Interesse für Jugend, Bildung und Kultur.

Per aspera ad astra.
(Auf rauen Wegen zu den Sternen)

Faas, Eugen
Leiter der Volkshochschule
geb. 1943 in Karlsruhe

Abitur am Max-Planck-Gymnasium Karlsruhe. Studium der Romanistik und Slawistik in Heidelberg und Paris. Erstes und Zweites Staatsexamen 1969, danach Lehrer am Kantgymnasium für die Fächer Französisch und Russisch. Ab August 1981 Leiter des Abendgymnasiums Karlsruhe. 1987 Abteilungsleiter an der Volkshochschule Karlsruhe. Seit 1989 Leiter der Volkshochschule der Stadt Ettlingen.

Mens agitat molem.
(Der Geist bewegt die Materie / Vergil*)*

Fabry, Andrea
Fotografenmeisterin
geb. 1962 in Lommatzsch

1995 Meisterbrief als Fotografin, 1996 Wohnortwechsel und Geschäftsverlegung von Berlin nach Ettlingen. Seitdem für die regionale und überregionale Presse, Verlage und Agenturen tätig. Lieblingsthema: Mensch. 2000 Erweiterung der Geschäftsfelder: hinzu kommen Messe- und Kongressfotografie für nationale und internationale Kunden. 2002 zusätzlich Industrie- und Werbefotografie.

Es gibt nichts Gutes,
außer man tut es.

Fey, Axel
Rechtsanwalt, Ortschaftsrat
Mitglied des Ettlinger Gemeinderates
geb. 1943 in Breslau

1963 Abitur am Markgrafengymnasium in Karlsruhe-Durlach. Von 1963 bis 1965 Bundeswehr. Danach Jurastudium in Heidelberg und Frankfurt/M. Referendariat und Zweites Staatsexamen in Hessen. Seit 1974 selbständiger Rechtsanwalt in Karlsruhe. Aufsichtsrat der Valora Effekten Handel AG sowie der SWE Servicegesellschaft für Energiedienstleistungen mbH, beide Ettlingen. CDU-Mitglied. Seit 1994 Ortschaftsrat in Ettlingenweiler, seit 2004 Stadtrat in Ettlingen.

Leben und leben lassen.

Flügge, Jürgen
Dramaturg, Regisseur und Intendant
geb. 1944 in Darmstadt

Zog 1965 von Darmstadt nach München, wo er von 1967 bis 1971 Theaterwissenschaften und Germanistik studierte. 1971 Regieassistent und Dramaturg am Münchner Theater der Jugend. Von 1972 bis 1974 Dramaturg am Theater am Turm (TAT) in Frankfurt. Danach Dramaturg bei Peter Palitzschs Inszenierung von Müllers „Zement" am Schauspiel Frankfurt. 1976/77 wechselte er als Dramaturg zu Claus Peymann ans Stuttgarter Staatstheater. Im Herbst 1977 war er Spielleiter und Mitautor bei dem Stück „Was heißt hier Liebe" am Berliner Theater Rote Grütze (Verfilmung 1978). Bis 1979 freier Regisseur und Dramaturg in Kiel, Landshut und Bern. Von 1980 bis 1989 übernahm er die Intendanz des Münchner Theaters der Jugend (TdJ). In der Spielzeit 1989/90 wurde er (als Nachfolger von Friedrich Schirmer) Intendant an der Württembergischen Landesbühne Esslingen, wo er mit mutigen Spielplänen viel wagte – und viel gewann. In der Spielzeit 1993/94 übernahm er die Generalintendanz im Staatstheater Braunschweig. Seit 1995 arbeitet er frei. Im Jahr 2003 wurde er als Nachfolger von Fritzdieter Gerhards Intendant der Ettlinger Schlossfestspiele. Er ist Vorsitzender des Fonds Darstellender Künste, Jury-Mitglied des Bundeswettbewerbs für Gesang und Ehrenmitglied der „Assitej".

Humor ist,
wenn man trotzdem lacht.

Foss, Lutz
Rechtsanwalt, Mitglied des Ettlinger Gemeinderates, CDU-Fraktionsvorsitzender
geb. 1947 in Schwäbisch Hall

1966/67 Aufenthalt in New York. 1967 bis 1972 Studium der Rechtswissenschaften in Mannheim, Genf und Freiburg/Br. mit Referendarzeit in Karlsruhe. Seit 1975 Betrieb einer Rechtsanwaltskanzlei in Ettlingen. Mitglied des Deutschen Mietergerichtstages und der ARGE Mietrecht und Wohnungseigentumsrecht im Deutschen Anwaltverein. In den Jahren 1984 bis 1996 Vorsitzender des Gewerbevereins Ettlingen. Initiator des Ettlinger Weihnachtsmarktes und Mitinitiator der Ettlinger Leistungsschau, einer Regionalmesse des mittelständischen Gewerbes. Seit 1989 als Stadtrat Mitglied des Gemeinderates der Stadt Ettlingen. Von 1995 bis 2001 Vorsitzender des CDU-Ortsverbandes Ettlingen. Mitglied des Verwaltungsausschusses des Gemeinderates der Stadt Ettlingen und des Aufsichtsrates der SWE Service GmbH. Seit 2004 Vorsitzender der CDU-Gemeinderatsfraktion.

Die Leute sehen Dinge, die es gegeben hat,
und sagen 'warum?' – Ich sehe Dinge, die es
nie gegeben hat und sage 'warum nicht?'.

Führinger, Elisabeth
Lehrerin, Ortsvorsteherin
geb. 1948

Aufgewachsen in Ettlingenweier im räumlichen Dreieck Rathaus-Kirche-Schule. Nach dem Lehramtsstudium einige Jahre in Peterzell bei St. Georgen im Schwarzwald tätig. Seit 1975 in der Erich-Kästner-Schule in Ettlingenweier, im selben Jahr auch in den Ortschaftsrat gewählt. Ehrenamtliche Mitarbeit in der Kirchengemeinde St. Dionysius. Seit 1999 Ortsvorsteherin von Ettlingenweier.

Nimm die Menschen wie sie sind, andere gibt's nicht.
(Konrad Adenauer)

Gaiser, Emil
Stadtkämmerer i.R.
geb. 1935 in Baden-Baden

Von 1949 bis 1952 Lehre zum Industriekaufmann bei den Stadtwerken Baden-Baden. Laufbahnprüfung für den mittleren und gehobenen Verwaltungsdienst. 1959 Diplom-Verwaltungswirt (FH). Berufliche Tätigkeit bei den Stadtwerken der Stadt Baden-Baden, der LVA Baden, der Stadt Karlsruhe und ab 1967 bei der Stadt Ettlingen. Ab 1970 Leiter des Rechnungsprüfungsamtes und von 1985 bis zur Pensionierung 1997 Stadtkämmerer der Stadt Ettlingen. Seit 1976 Aufsichtsrat und seit 1982 nebenamtliches Vorstandsmitglied der Baugenossenschaft Familienheim eG Karlsruhe und seit 1970 ehrenamtlicher Rechner des Markgräfin-Augusta-Frauenverein Ettlingen (mit den Kindergärten St. Elisabeth, St. Theresien und St. Vincentius I und II).

Bemühe Dich, offen und ehrlich durchs Leben zu gehen.

Ganß, Dr. jur. Hans-Jürgen
Unternehmer
geb. 1926 in Goch / Rheinland

Er hat sich besondere Verdienste um Wirtschaft, Wissenschaft und Gesellschaft erworben.
Aufgewachsen in Salzwedel in Sachsen-Anhalt. Jurastudium in Bonn. Von 1971 bis 1973 Vizepräsident und von 1973 bis 1977 Präsident der Industrie- und Handelskammer Karlsruhe. Mitglied der Vollversammlung von 1959 bis 1977.

Vor dem Engagement als persönlich haftender Gesellschafter der Assekuranz Herrmann in Ettlingen als Gesellschafter der Elba-Werk GmbH in Ettlingen. Maßgeblicher Anteil am reibungslosen Zusammenschluss der einstmals getrennten Kammern in Baden-Baden und Karlsruhe. In der Kammerorganisation Gründung eines der ersten deutschen Juniorenkreise. Ausschussvorsitzender und engagierter Ehrenamtsträger im Kammer- und Verbandswesen. Ehrensenator der Universität Karlsruhe, Bundesverdienstkreuz 1. Klasse und Goldene Nebeniusmedaille.

Wer schaffen will, muss fröhlich sein.

Gargel, Ulrike
Rektorin
geb. 1954 in Karlsruhe

Lebenslange Karlsruherin aus Pädagogenfamilie, wohnhaft in Rüppurr, verheiratet, zwei erwachsene Töchter. Abitur am Lessing-Gymnasium, Studium an der Fridericiana und PH Karlsruhe. Realschullehrerin für Deutsch und Geografie. Zum Einstieg in die Berufslaufbahn Besuch der Bundesfachschule für Sanitär- und Heizungstechnik, dann an den Realschulen Pforzheim und Durlach, Lehrauftrag am Staatlichen Seminar für schulpraktische Ausbildung (RS) zunächst für das Fach Deutsch, inzwischen für Schul- und Beamtenrecht. Fünf Jahre Konrektorin an der Realschule Durmersheim, seitdem Rektorin der Wilhelm-Lorenz-Realschule in Ettlingen.

Wer nicht genießt, wird ungenießbar.

Gauger, Andreas
Unternehmer
geb. 1967 in Karlsruhe

Kinder- und Schulzeit in Ettlingen verlebt. Gründete 1984 mit 16 Jahren sein erstes Unternehmen zum Vertrieb von Public-Domain-Software. 1989 Programmierer beim Systemhaus Hildenbrand Datensysteme, Karlsruhe. 1993 Gründung des Software-Unternehmens Gauger, Hamm und Partner als Geschäftsführender Gesellschafter. 1995 Geschäftsführer der gemeinsam mit Rainer Schlund gegründeten Schlund+Partner GmbH. Die im Zentrum von Karlsruhe angesiedelte Internetfirma wird schnell durch ihre kostengünstigen Internet-Services bekannt. 1998 übernimmt die 1&1 Holding GmbH, Montabaur (heute United Internet AG) 66% der Anteile der Schlund+Partner GmbH. Bestellung zum Sprecher des Vorstandes der neuen Aktiengesellschaft Schlund+Partner AG. Seit 1999 Sprecher des Vorstandes der 1&1 Internet AG, aus dem Merger von 1&1 Telekommunikation GmbH und der Schlund + Partner AG hervorgegangen.

Gietz, Annemarie
Ehemalige Besitzerin des
Hotel-Restaurant Erbprinz
geb. 1912 in Karlsruhe

Heiratete 1937 Helmuth Gietz, den langjährigen Patron des Erbprinz. Gemeinsamer Betrieb des Hotel-Restaurant Erbprinz von 1937 bis 1986. Der anschließenden Verpachtung des Betriebes folgte der Verkauf des fast 90 Jahre in Familienbesitz befindlichen, traditionsreichen Hauses im Jahr 1999. Trägerin des Bundesverdienstkreuzes. Ihr Mann, Helmuth Gietz, unter dessen Regie der Ettlinger „Erbprinz" zu einem der besten deutschen Hotel-Restaurants aufstieg, war Ehrenbürger der Stadt Ettlingen.

Grassmann, Hartmut
Rektor
geb. 1946 in Karlsruhe

Nach Abitur und Grundwehrdienst Studium an der Pädagogischen Hochschule in Karlsruhe. 1971 erste Stelle an der Hans-Thoma-Schule in Gaggenau. Von 1982 bis 1986 neben der Tätigkeit an der Schule Lehrbeauftragter am Staatlichen Seminar für schulpraktische Ausbildung GHS in Freudenstadt. Ab 1986 Konrektor an der Thiebauthschule. Seit 1989 Rektor an der Thiebauthschule Ettlingen.

Einen guten Charakter erkennt man zuerst in der Freundlichkeit zu Kindern.

Grupp, Wolfgang
Inhaber und Geschäftsführer
geb. 1942 in Sigmaringen

Als Chef der bekannten Bekleidungsfirma Trigema, die konsequent im Ländle und nicht im Ausland produzieren lässt, sorgte er jüngst mit seiner T-Shirt Kampagne „Wir können alles – auch hochdeutsch" für Schlagzeilen. Hauptsitz der Firma ist Burladingen; in Ettlingen unterhält sie ein Zweigwerk. 1961 Abitur am Humanistischen Jesuiten-Kolleg St. Blasien. 1967 Diplom/Examen in Betriebswirtschaft an der Universität Köln. 1969 Eintritt in die großväterliche Firma Gebr. Mayer KG, Burladingen. Aufbau Geschäftsbereich T-Shirt und Tennis-Bekleidung unter der Marke Trigema. Ab 1972 alleinige Geschäftsführung. Ab 1975 alleiniger Geschäftsführer und Gesellschafter mit 52,5% Anteilen. Seit 1976 Deutschlands größter T-Shirt, Sweatshirt und Tennis-Bekleidungshersteller. Ab 1984 alleiniger Inhaber und Geschäftsführer der Trigema GmbH & Co. KG. 1988 Hochzeit mit Baroness Elisabeth von Holleuffer aus der Steiermark/Österreich. 1989 Geburt von Tochter Bonita, 1991 von Sohn Wolfgang.

Verantwortung und Vorbildfunktion

Haas, Helmut
Regierungsdirektor, Ortsvorsteher,
Mitglied des Ettlinger Gemeinderates,
Kreisrat
geb. 1942 in Karlsruhe

Nach dem Abitur von 1962 bis 1968 Jura-Studium an den Universitäten Heidelberg und Freiburg. Von 1968 bis 1971 Referendarzeit u.a. beim Amtsgericht Ettlingen. Seit 1971 als Verwaltungsjurist bei der Bundeswehr. Seit 1984 Ortsvorsteher von Bruchhausen, seit 1989 Kreisrat im Landkreis Karlsruhe und seit 1994 Stadtrat.

Mit Humor und Lebensfreude machst Du Dir und den Mitmenschen das Leben leichter.

Haase, Paul Volkor
Publizist
geb. 1931 in Karlsruhe

Aufgewachsen in Ettlingen. 1951 Abitur am Realgymnasium. Studium in diversen Fachrichtungen: Physik und Elektrotechnik in Karlsruhe, Staats- und Rechtswissenschaften in Heidelberg, Politik, Sozialwissenschaften und Geschichte an der Freien Universität Berlin, danach in Freiburg/Br. Dazwischen Werkstudent, Hochschulpraktikant sowie Freischaffender in verschiedenen Tätigkeitsbereichen. Mitbegründer der GRÜNEN, 20 Jahre Kreisvorstand, und des „Bundes für Umwelt und Naturschutz" (BUND) in Ettlingen. Von 1984 bis 2004 Stadtrat und Fraktionsvorsitzender im Ettlinger Gemeinderat. Studien- und Tätigkeitsschwerpunkte sind: Stadtentwicklung, Landschaftsschutz und -gestaltung, Kulturgeschichte der Stadt. Mitglied im Beirat der Museumsgesellschaft. Engagiert in der Deutsch-Russischen Gesellschaft für die Städtepartnerschaft Ettlingen – Gatchina.

Wenn man die Vergangenheit nicht kennt, kann man die Gegenwart nicht begreifen und damit die Zukunft nicht gestalten.

Hänssler, Manfred
Geschäftsführer,
Vorsitzender der Werbegemeinschaft
geb. 1953 in Göppingen

Der Ausbildung zum Einzelhandelskaufmann folgt ein Studium zum Textilbetriebswirt BTE. Nach verschiedenen Stationen im Einzelhandel, 1981 Eintritt als Assistent der Geschäftsleitung ins Modehaus Streit Ettlingen. Übernahme der Geschäftsleitung 1989. Seit 1998 ehrenamtlicher Vorsitzender der Werbegemeinschaft Ettlingen.

*Fange nie an aufzuhören,
höre nie auf anzufangen.*

Häßler, Professor Dr. Ing. Günther
Direktor i.R.
geb. 1937 in Varnhalt / Baden-Baden

Technischer Vorstand i.R. der Badenwerk AG. Fachgebiet Feuerungstechnik, Thermische Strömungsmaschinen, Kraftwerkstechnik, Umweltschutz und Gewässerkunde. Ehrenvorsitzender des Baden-Württembergischen Wasserwirtschaftsverbandes. Zahlreiche Veröffentlichungen in Fachzeitschriften zu Großprojekten der Energieversorgung, Ver- und Entsorgung von Kraftwerken, Restmüllvergasung, Kombianlagen, Erdwärmenutzung und Gewässerschutz. Wohnhaft in Ettlingen.

Üb' immer Treu' und Redlichkeit.

Hartmaier, Edwin
Gastronom
geb. 1957 in Heilbronn

Nach der Lehre im Waldhotel Friedrichsruhe in den Jahren 1973 und 1974 bis 1977 in Lausanne/Schweiz tätig. Anschließend von 1978 bis 1987 im Hotel-Restaurant Erbprinz vom Commis zum Oberkellner. Ab 1983 Betrieb einer Vinothek in Ettlingen. Von 1987 an selbständig mit der Weinstube Restaurant Engele in Ettlingen. Seit 1997 Betrieb der Villa Watthalden in Ettlingen.

Zufriedenheit in der Arbeit
bringt Zufriedenheit fürs Leben.

Hauns, Patrick
Leiter des Amtes für Jugend,
Familie und Soziales
geb. 1961 in Rastatt

Ausbildung zum Verwaltungsfachangestellten beim Landratsamt Rastatt. Studium der Sozialpädagogik in Mannheim und Studium der Erziehungswissenschaft, Politik und Psychologie in Freiburg. Autor von Fachbeiträgen zur Sozialplanung. Mitglied des International Institute for Advanced Studies in Systems Research and Cybernetics, University of Windsor, Canada. Seit März 1999 in Ettlingen.

Nicht weil es schwierig ist, wagen wir es
nicht, sondern weil wir es nicht wagen, ist
es schwierig.
(Sokrates)

Heim, Armin
Prokurist i.R.
geb. 1938 in Ludwigshafen / Rhein

1957 Abitur. 1963 Abschluss des Studiums Elektrotechnik an der TH Karlsruhe. Anschließend bei AEG in Berlin als Projektierungsingenieur für Hütten-, Stahl- und Walzwerke. Ab 1966 bei

Schluchseewerk Freiburg Betriebsleiter später als Prokurist Leiter der Hauptschaltleitung. 1990 Wechsel zum Badenwerk als Handlungsbevollmächtigter für den Verbundbetrieb später als Prokurist Leiter der Hauptabteilung Betrieb. Seit 1998 im Ruhestand. Vorsitzender in einem Meisterprüfungsausschuss bei der Handwerkskammer Karlsruhe. Ehrenamtliches Engagement bei der Nachbarschaftshilfe Ettlingen und in diversen Vereinen.

Man kann sich den ganzen Tag ärgern, aber man ist nicht dazu verpflichtet.

Heiser, Bernd
Bankkaufmann,
Mitglied des Ettlinger Gemeinderates
geb. 1941 in Dahn / Pfalz

Nach dem Besuch des Gymnasiums und der Höheren Handelsschule folgt eine Banklehre mit dem Abschluss zum Bankkaufmann. Berufliche Stationen bei der Volksbank Pirmasens, beim Schweizerischer Bankverein Zürich und bei den Papierfabriken Ettlingen-Maxau AG/Holtzmann-Papier AG. Ehrenamtliche Engagements: von 1980 bis 2004 Ortschaftsrat Spessart, von 1989 bis

2004 Ortsvorsteher Ettlingen-Spessart, seit 1994 Stadtrat in Ettlingen, Mitglied im Ausschuss für Umwelt u. Technik, im Betriebsausschuss, im Kulturausschuss, im Schulbeirat, als Aufsichtsrat der Stadtwerke GmbH. Seit 1987 Vorsitzender der CDU-Spessart, Vorstandsmitglied des CDU-Stadtverbands Ettlingen.

Das Leben ist schön.

Herrmann, Hanns-Dieter
Geschäftsführender Gesellschafter
geb. 1942 in Karlsruhe

1960 Abschluss der Wirtschaftsoberschule in Karlsruhe. 1961 Sprachstudium in Cambridge. 1962/63 Lehre zum Versicherungskaufmann bei der Thuringia Versicherung in München. 1964 Bankhaus Oppenheim, Frankfurt am Main. 1965 Banque de Lyon in Paris. 1966 Chase Manhattan Bank, New York, 1967 Broker Frank B. Hall, New York. 1967 Eintritt als Geschäftsführender Gesellschafter in das seit 1905 bestehende Versicherungsunternehmen Assekuranz Herrmann, das zu den größten Privatunternehmen der Versicherungsvermlttlung in Deutschland zählt. 1970 bis 1973 Vorsitzender des Bundesverbands der Assekuranz-Führungskräfte (VGA), Bezirksgruppe Karlsruhe. Seit 1992 2. Vorsitzender des Versicherungsausschusses, Karlsruhe. Seit 1995 Vorstand der Stober-Stiftung Karlsruhe. Seit 1998 Kuratoriumsmitglied des ZKM. Seit 2003 Kuratoriumsmitglied des Festspielhauses in Baden-Baden.

Tu es gleich!

Hettel, Klaus
Hotelier
geb. 1948 in Rastatt

Nach Kochlehre in Baden-Baden und Hotelfachschule in Heidelberg mehrere Jahre im Ausland tätig, wo er auch seine französische Ehefrau kennen und lieben lernte. Von 1975 bis 2005 Gründer und Betreiber der familiengeführten Ratsstuben. 1987 bis 1994 Geschäftsführer des Stadthotel Engel während des Pre-Opening und der ersten Jahren. 1994 Vision, die Villa Watthalden mit einer modernen Gastronomie wiederzubeleben und das Tor zum Schwarzwald attraktiver zu gestalten. 1998/99 Realisierung seines Lebenstraumes: Eröffnung des Hotel- und Gastronomieensembles Villa und Hotel Watthalden.

Jahrelanges Engagement für die Stadt Ettlingen: Vorsitzender des Deutschen Hotel- und Gaststättenverbandes für Ettlingen. Im Arbeitskreis für Stadtmarketing Streiter für eine „tourismusorientierte Stadt" mit allen ihren Möglichkeiten.

*Im harten Geschäftsleben
menschlich bleiben.*

Hinse, Bernd
Diplom-Volkswirt,
Mitglied des Ettlinger Gemeinderates
geb. 1949 in Moers

Studium an der Universität Freiburg. Reserveoffizier Luftwaffe. Oberstudienrat am Wirtschaftsgymnasium Karlsruhe. Seit 1989 Mitglied des Ortschaftsrates von Bruchhausen. Von 1989 bis 1994 und in der laufenden Legislaturperiode Mitglied des Ettlinger Gemeinderates. Gründungsmitglied der SPD Bruchhausen, der AWO Bruchhausen sowie des Ettlinger Jazz-Clubs. Vorstandsarbeit. Seit 20 Jahren Vorstand bzw. 1. Vorsitzender der SPD Bruchhausen.

Sozial, gerade Linie und play jazz.

Hirsch, Prof. Dr. Günter
Präsident
des Bundesgerichtshofes
geb. 1943 in Neuburg / Donau

Studium der Rechtswissenschaften an der Friedrich-Alexander-Universität in Erlangen. Wissenschaftlicher Assistent am Lehrstuhl für Strafrecht der Universität Erlangen. Promotion zum Dr. jur. an der Universität Erlangen. Eintritt in den bayerischen Justizdienst, Staatsanwalt, Richter am Amtsgericht, Vorsitzender Richter am Landgericht. Referent im bayerischen Staatsministerium der Justiz, zuletzt Ministerialdirigent und Leiter der Abteilung Gesetzesplanung, Verfassungsrecht, Europarecht. Präsident des Bezirksgerichts Dresden. Präsident des Oberlandesgerichts. Präsident des Verfassungsgerichtshofs des Freistaates Sachsen. Richter am Gerichtshof der Europäischen Gemeinschaften. Seit 15. Juli 2000 Präsident des Bundesgerichtshofes in Karlsruhe. Honorarprofessor für Europarecht und Medizinrecht, Öffentliches Recht und Europarecht an der Universität des Saarlandes. Er lebt in Ettlingen.

Huber, Dr. rer. pol. Sigmund
Wirtschaftsprüfer, Steuerberater,
Rechtsbeistand
geb. 1927 in Karlsruhe

Nach wirtschaftswissenschaftlichem Studium in Karlsruhe und München Promotion zum Dr. rer. pol. in Mannheim 1959. Seit 1952 selbständig in Ettlingen. Vortragstätigkeiten bei IHK, Steuerberaterkammer und internationalen Steuerseminaren.

Die alltäglichen Aufgaben und Schwierigkeiten sind gerade die, an denen man reift.

Huber, Emmy
Sekretärin
geb. 1941 in Ettlingen

Von 1955 bis 1958 Lehre bei der Stadt Ettlingen. Von 1957 bis 1969 bei den Stadtwerken. Danach leitete sie 32 Jahre lang das OB-Sekretariat: sechs Jahre bei OB Rimmelspacher, 13 Jahre bei OB Dr. Vetter, 13 Jahre bei OB Offele. Lehrer-Ausbildung in Maschinenschreiben. Zweimalige Teilnahme an der Weltmeisterschaft für Maschinenschreiben in Valencia (13. Platz) und in Budapest. Mitarbeit im Begegnungszentrum am Klösterle in Ettlingen.

Hubig, Doris
Rektorin
geb. 1947 in Merzig

Studium an der PH Saarbrücken. Zweites Staatsexamen in Karlsruhe. Unterricht an der GHS Weisenbach und Wintersdorf sowie an der GS Ettlingenweier und Oberweier. Seit 2002 Schulleiterin der Grundschule in Oberweier. Trainerin im Schwimmsport und Mitarbeit im Lehrstab des Badischen Schwimmverbandes bis 1992. Schwerpunkte in Oberweier: Initiierung und Durchführung der „Bewegten Grundschule" mit dem Schwerpunkt Zirkussport. Im Bereich Musik Chorleiterausbildung beim Badischen Sängerbund.

Humor ist der Schwimmgürtel auf dem Strom des Lebens.

Hurst, Harald
Freier Schriftsteller
geb. 1945 in Buchen

Hauptschulabschluss. Zur See gefahren. Mehrere weiterbildende Schulen ohne Abschluss. Verschiedene Jobs. Abitur als sog. „Schulfremder". Studium der Romanistik und Anglistik. Staatsexamen für das Lehramt an Gymnasien. Keine Anstellung. Seit etwa 1980 Journalismus und Schriftstellerei. Schrieb zahlreiche Hörspiele für den SDR. Erhielt den baden-württembergischen Thaddäus-Troll-Preis. Der beliebte Karlsruher Mundart-Autor schreibt hintergründige und lebensnahe, witzige Geschichten aus dem Alltagsleben, wie z.B. „Das Zwiebelherz", „de Polizeispielkaschde", „Komm, geh' fort", das Theaterstück „Fuffzich" u.a.

Gerne bekennt er sich zu seiner Wahlheimat Ettlingen: „Nach zwölf Jahren noch immer gelegentliche Glücksgefühle, in dieser kleinen Großen Kreisstadt an der Alb zu leben. Aber Wahlheimat ist nicht mit der augenfälligen Schönheit von Orten zu erklären. Es ist die Atmosphäre, die mich einbürgert. Ich verspüre hier eine grenzländisch geprägte Offenheit, Toleranz oder wenigstens ein schulterzuckendes 'leben und leben lassen', dieses Savoir Vivre. Vielleicht ist Ettlingen eine sehr badische Stadt. Falls es so etwas gibt."

Der Weg ist das Ziel.

John, Dr. Herwig
Archivdirektor
geb. 1940 in Aussig / Elbe

1960 Abitur am Eberhard-Ludwigs-Gymnasium in Stuttgart. Studium der Klassischen Philologie, Geschichte und Geographie an den Universitäten Tübingen und Wien. 1971 Promotion zum Dr. phil. und Eintritt in den staatlichen Archivdienst des Landes Baden-Württemberg. Nach Referendariat in Stuttgart und Marburg seit 1973 beim Generallandesarchiv in Karlsruhe in verschiedenen Funktionen, heute als Referatsleiter im Landesarchiv Baden-Württemberg, Abt. Generallandesarchiv Karlsruhe, tätig. Publikationen zur Orts-, Regional- und Landesgeschichte. 20 Jahre Vorsitzender des Heimatvereins Pfaffenrot-Marxzell, während dieser Zeit u.a. Aufbau eines Dorfmuseums. Seit 1985 Mitglied der Stadtgeschichtlichen Kommission Ettlingen. Im Jahre 2005 Verleihung der Bürgermedaille der Gemeinde Marxzell.

Kast, Hans Peter
Glasermeister,
Mitglied des Ettlinger Gemeinderates
geb. 1938 in Ettlingen

1962 Meisterprüfung als Glaser und Fensterbauer, abgelegt in der Glaser- und Fensterbauer Fachschule in Karlsruhe. 1963 Übernahme des väterlichen Glaser- und Fensterbaubetriebes, welchen sein Großvater 1927 gegründet hatte. Seit 1989 CDU-Stadtrat in Ettlingen. 1999 übergab er den Betrieb an seinen Sohn (4. Generation). 2003 Mitbegründer der Ettlinger Bürgerstiftung und seitdem stellvertretender Vorsitzender. Im selben Jahr gründete er mit einigen Ettlinger Bürgern den Förderverein „Kinderspielhaus Ettlingen e.V.", wo er als erster Vorsitzender tätig ist.

Der Verein möchte in Ettlingen eine Spiel-, Lern- und Sportstätte für Kinder im Alter von zwei bis zwölf Jahren errichten. Am 20.6.2005 Gründung der gemeinnützigen Stiftung „Kinderspielhaus Ettlingen".

Kinder sind das Salz in der Suppe und machen das Leben erst lebenswert.

Kehrbeck, Werner Emil Friedrich
Rollladen- und Jalousiebauermeister, Vorstand des Gewerbevereins
geb. 1944 in Ettlingen

Nach dem Schulabschluss 1957 Lehre zum Konditor mit Gesellenabschluss. Von 1962 bis 1966 als Konditor in der Schweiz tätig. Seit 1966 verheiratet, Vater von drei Söhnen, die heute im eigenen Betrieb tätig sind. 1966 bis 1970 Ausbildung zum Rollladen- und Jalousiebauer. 1970 bis 1976 als Geselle tätig. 1976 bis 1978 Ausbildung zum Rollladen- und Jalousiebauer-Meister. 1985 Übernahme des elterlichen Unternehmens. Seit 1976 im Vorstand des Gewerbeverein Ettlingen e.V. als Beisitzer der Gruppe Handwerk. Seit 1988 stellvertretender Vorstand und Leiter der Gruppe Handwerk im Gewerbeverein Ettlingen. Seit 1995 Vorstand des Gewerbeverein Ettlingen e.V., zusätzlich seit 27 Jahren in der schulischen Ausbildung im Gesellenprüfungsausschuss tätig.

Neue Ideen motivieren das Leben!

Keller, Dr. med. Jonas Philip
Arzt
geb. 1962 in Stuttgart

Nach dem Abitur 1981 Studium der Humanmedizin in Ulm und Freiburg, danach chirurgische und traumatologische Tätigkeit sowie anschließende Weiterbildung zum Facharzt für Orthopädie an der Klinik Markgröningen. 1994 Umzug nach Ettlingen und Niederlassung als Arzt für Orthopädie.

*Das Besondere vom Normalen
trennt die Leidenschaft,
mit der man für etwas lebt.*

Kern, Traudel
Dipl.-Religionspädagogin, Liedermacherin
geb. 1954 in Landau / Pfalz

Kindheit und Jugend in der Südpfalz. Nach dem Abitur Studium in Freiburg. Berufliche Tätigkeiten als Jugendreferentin und als Religionslehrerin in der Evangelischen Landeskirche Baden. Zur Zeit Religionslehrerin an der Ludwig-Erhard-Schule in Karlsruhe und Bezirkspersonalrätin für Berufliche Schulen beim Oberschulamt Karlsruhe. Musik war und ist ihr großes Hobby. Sie schreibt eigene Chansons in Hochdeutsch und pfälzischer Mundart. Bei ihren Auftritten spielt sie Gitarre, Klavier und „Quetschkommod". Mehrfache Mundart-Preisträgerin beim Mundartwettbewerb des Regierungspräsidiums Karlsruhe.

Aus allem das Beste machen.

Kerth, Petra
Rektorin
geb. 1952 in Sehnde / Niedersachsen

Nach dem Abitur von 1971 bis 1976 Studium an der Albert-Ludwigs-Universität in Freiburg. Lehrbefähigung für das Lehramt an Beruflichen Schulen. Von 1977 bis 1996 an der Friedrich-List-Schule Karlsruhe, 1996 bis 2003 Referentin im Oberschulamt Karlsruhe. Seit September 2003 Schulleiterin der Wilhelm-Röpke-Schule Ettlingen.

*Wie mutig man ist,
weiß man immer erst nachher.*

Keßler, Dr. Manuel
Arzt,
Mitglied des Ettlinger Gemeinderates
geb. 1954 in Karlsruhe

Aufgewachsen in Ettlingen. Nach dem Abitur 1972 zunächst Studium der Forstwissenschaften in Freiburg und ab 1977 Medizinstudium in Ancona und Bologna. Abschluss 1983. Danach Facharztausbildung in Innerer Medizin mit dem Teilgebiet Rheumatologie. Seit 1991 niedergelassen in eigener Praxis in Ettlingen. Seit 2003 Mitglied bei „FE

– Für Ettlingen", seit 2004 Stadtrat in Ettlingen, hier besondere Interessenschwerpunkte Familie, Jugend und Soziales. Verheiratet, zwei Kinder.

*Geht nicht gibts nicht,
man muss immer nach Lösungen suchen
und sich für sie einsetzen!*

Knötzele, Dr. Peter
Archäologe
geb. 1965 in Pforzheim

Nach dem Abitur am Friedrich-List-Gymnasium in Karlsruhe und Wehrdienst bei der Marine Studium in Freiburg/Breisgau und London in Archäologie und Alter Geschichte. 1992 Magister, 1996 Promotion über das römische Stettfeld. Frühe Begeisterung für Archäologie: bereits als Schüler Teilnahme an Ausgrabungen in Illingen. Im Studium intensive Beschäftigung mit dem Thema Luftbildarchäologie beim Landesdenkmalamt in Karlsruhe. Seit der Promotion regelmäßige Aufenthalte im Libanon und in Syrien als Keramik- und Fundberater bei archäologischen Ausgrabungen und deren Auswertung. Ferner Lehrveranstaltungen an der Universität Heidelberg und der Volkshochschule Karlsruhe. Seit 2001 Unterrichtungen im Rahmen der Ausgrabungen im syrischen Aleppo an der Fachhochschule für Technik und Wirtschaft (FHTW) Berlin. Parallel dazu Organisation von Ausstellungen mit kulturgeschichtlichen Bezügen (z.B. über römisches Schuhwerk) für renommierte deutsche Museen und Aufarbeitung des römischen „Erbe" der Stadt im Rahmen der Stadtgeschichte von Ettlingen.

*Mit dem Schlimmsten rechnen,
auf das Beste hoffen.*

Knoll, Prof. Dr. Ing. Peter Michael
Entwicklungsleiter
geb. 1943 in Leipzig

Nach Abitur in Ulm und Wehrdienst (Reserveoffizier) Studium der Elektrotechnik, 1971 Diplom, 1973 Promotion, 1980 Habilitation „Allgemeine Elektrotechnik", 1988 Außerplanmäßiger Professor, alles an der Universität Karlsruhe. Seit 1980 bei der Robert Bosch GmbH, zunächst Gruppenleiter dann Abteilungsleiter in der Kraftfahrzeugvorentwicklung in Karlsruhe und Ettlingen, 1991 Geschäftsleitung Technik bei der MotoMeter GmbH in Leonberg

(Bosch-Tochter), 1996 Geschäftsführer Angewandte Display-Technologie GmbH, Stuttgart (Bosch-Tochter). Seit 2000 Entwicklungsleiter für Neue Erzeugnisse im Produktbereich „Fahrerassistenzsysteme" der Robert Bosch GmbH in Leonberg. Betätigungsfeld: Entwicklung, Fertigung und weltweiter Vertrieb von Fahrerassistenzsystemen, z.B. Einparkhilfesysteme, Adaptive Fahrgeschwindigkeitsregler (Abstandswarnradar), neuerdings Videotechnik zur Erschließung neuer Systeme zur Unfallvermeidung im Straßenverkehr. Mitarbeit in zahlreichen Gremien und internationalen wissenschaftlichen Vereinigungen, u.a. Vorstandsvorsitzender der GMM, einer Fachgesellschaft im VDE. Wohnhaft in Ettlingen.

Immer positiv in die Zukunft schauen.

Kölper, Sibylle
Kauffrau,
Mitglied des Ettlinger Gemeinderates
geb. 1955 in Karlsruhe

Aufgewachsen in Karlsruhe, nach der Mittleren Reife 1972 Ausbildung zur Erzieherin mit Abschluss, danach weitere Ausbildung zur Bankkauffrau. 1980 Heirat, kaufmännische Mitarbeit im Betrieb des Ehemannes. Vier Kinder. 2003 „FE – Für Ettlingen" mitgegründet. 2004 in den Gemeinderat gewählt, stellvertretende Fraktionsvorsitzende.

Die Dinge annehmen, wie sie kommen.

Kolb, Uschi
Galeristin
geb. in Karlsruhe

1976 Schulabschluss am Kurpfalzgymnasium Mannheim. Danach kaufmännische Ausbildung im elterlichen Betrieb. 1984 Aufbau eines Betriebes für industrielle Konfektionierung, 1992 Veräußerung des Betriebes. 1995 Eröffnung der Galerie Haus Schneider Ettlingen als Fortführung der Sammlung Schneider Karlsruhe. Galeriebetrieb mit wechselnden internationalen Künstlern und

Beteiligungen an internationalen Kunstmessen. Seit 2003 wurde die Galerietätigkeit nach Karlsruhe verlegt.

*Nur wer sich ständig neu definiert,
bleibt unersetzlich.*

Konz, Christian
Judoka, Physiotherapeut
geb. 1974 in Karlsruhe

Platzierungen bei der Junioreneuropameisterschaft 1994. Fünffacher Deutscher Meister im Halbleichtgewicht seit 1996. Internationaler Deutscher Meister im Jahr 2002. Als Mitglied der Nationalmannschaft Europameister und Vizeeuropameister. Erfolge mit der Bundesligamannschaft des JC Ettlingen. Nach mehreren beruflichen Stationen, u.a. als gelernter Maschinenbaumechaniker, technischer Zeichner bei den Stadtwerken Ettlingen und Judo- und Fitnesstrainer inzwischen Physiotherapeut.

*Arbeite hart für Deine Ziele
und verliere sie nie aus den Augen!*

Krawutschke, Ulrich
Redakteur
geb. 1950 in Karlsruhe

Grundschule und Besuch des Max-Planck-Gymnasiums in Rüppurr mit Abitur 1969. Nach der Bundeswehr ab Herbstsemester 1971 Aufnahme des Lehramtsstudiums an der Universität Karlsruhe (Lehramt an höheren Schulen) in den Fächern Sport (unter anderem bei Institutsleiter Professor Dr. Erich Beyer und dem Ettlinger Professor Dr. Georg Kenntner), Germanistik (unter anderem bei Professor Dr. Peter Wapnewski) und Geographie. Ab 1. April 1978 Volontariat bei den Badischen Neuesten Nachrichten (BNN) in Karlsruhe, am 1. Juli 1979 Übernahme als Redakteur. Seit dem 1. September 1982 als Redakteur in verantwortlicher Stellung in der Redaktion Ettlingen. Gute Kenntnisse der örtlichen Situation und sportliche Fachkenntnisse führten zur Beauftragung für das Buch „Sport in Ettlingen" durch die Stadt (Stadtarchiv) Ettlingen.

Man muss die Feste feiern, wie sie fallen.

Kretz, Claus
Landrat des Landkreises Karlsruhe
geb. 1950 in Speyer

Abitur in Speyer. Studium der Rechtswissenschaften in Heidelberg und in Münster. Von 1975 bis 1978 Referendariat am Landgericht Heidelberg. Wissenschaftlicher Mitarbeiter an der Hochschule für Verwaltungswissenschaften in Speyer und an der Universität Mannheim. Große Staatsprüfung. 1978 bis 1980 Regierungsassessor im Regierungspräsidium Karlsruhe. 1980 bis 1983 beim Landratsamt Rhein-Neckar-Kreis in Heidelberg in der Kommunalaufsicht als Leiter des Umweltamtes und als Dezernent für die Bereiche Planung, Bau und Umwelt tätig. Von 1982 bis 1992 Lehrauftrag an der Hochschule für Verwaltungswissenschaften in Speyer, Bereich Umweltrecht, Abfall- und Altlastenrecht. Von 1993 bis 1997 Erster Landesbeamter beim Landratsamt Karlsruhe. Seit 1997 Landrat des Landkreises Karlsruhe. Im Mai 2005 wurde er für die zweite Amtsperiode wiedergewählt.

Es gibt bereits alle guten Vorsätze,
wir brauchen sie nur noch anzuwenden.
(Blaise Pascal)

Langensteiner, Dipl. Ing. Rudolf
Architekt BDA
geb. 1929 in Rottweil am Neckar

Von 1950 bis 1955 Studium der Architektur an der Technischen Hochschule in Karlsruhe. Auszeichnung mit der Friedrich-Weinbrenner-Plakette. Seit 1957 in Ettlingen ansässig und als freischaffender Architekt in nahezu allen Baubereichen tätig bis hin zur Kirchenrestaurierung in St. Martin. Besondere Schwerpunkte: Altstadt-Sanierung in Ettlingen, Sanierung und Neugestaltung denkmalgeschützter Bauten, Industrie- und Geschäftsbauten in ganz Deutschland.

Langguth, Dr. med. Cornelia
Ärztin,
Mitglied des Ettlinger Gemeinderates
geb. 1944 in Oberstdorf

Aufgewachsen in München. 1963 Abitur in Hamburg. Bis 1969 Medizinstudium in Bonn. 1973 bis 1982 Assistenz- und Oberärztin am Vincentiuskrankenhaus Karlsruhe. Von 1982 bis 1993 HNO-Praxis in Ettlingen und Belegärztin in Malsch. Seit 1994 berufsunfähig. Vorsitzende der CDU und Ortschaftsrätin in Schluttenbach, seit 2004 Stadträtin in Ettlingen.

Glück ist, sich entsprechend seinen Talenten zu verausgaben.

Laub, Günter
Immobilienkaufmann
geb. 1953 in Ettlingen

Seit 1979 selbständig als Immobilienmakler tätig. 1984 Erweiterung auf den Geschäftsbereich Bauträger. 1986 Wahl zum ehrenamtlichen geschäftsführenden Vorstandsvorsitzenden des Verbands Deutscher Makler (VDM) und seitdem Bundesvorstandsmitglied. Engagiert für den Berufsstand in der Landespolitik. Zusammenarbeit mit den wohnungspolitischen Gremien der Parteien im Landtag. Mitautor verschiedener Fachbücher und Fachzeitschriften der Immobilienbranche. Wohnt in Ettlingenweier.

Beruf aus Leidenschaft

Lederbogen, Prof. Rolf
Professor em.
Freier Architekt, Designer
geb. 1928 in Hannoversch Münden

Die Arbeiten aus seiner Ideenwerkstatt gehen im wahrsten Sinne des Wortes von Hand zu Hand und reisen um die ganze Welt. Seine Spezialität sind u.a. Briefmarken-Entwürfe und Münzmotive. Schulbesuch in Hannoversch Münden, Hildesheim und Torgau/Elbe. 1945 Soldat. 1947 Abitur in Hildesheim. 1947 bis 1952 Studium an der Hochschule für Bildende Künste in Kassel. Seit 1952 selbständig. Seit 1958 Mitglied des Deutschen Werkbundes DWB. Seit 1972 Mitglied der Architektenkammer Baden-Württemberg. 1960 Berufung an die Universität Karlsruhe. 1991 Gastprofessur an der Universität Coimbra/Portugal. 1993 Emeritierung. Zahlreiche Buchveröffentlichungen, u.a. großformatige Bildbände. Stete Teilnahme an Einladungs-Wettbewerben für Münzen, die nationale Münzseite der Kupfer-Cent-Stücke der EU ist von ihm. Ferner Beteiligung an Einladungs-Wettbewerben für Briefmarken. Die Post brachte 2004 seinen Entwurf „Ein Gruß von Herz zu Herz" mit weißen Papierfliegern auf blaugrünem Grund heraus. In Ettlingen Teilnahme an allen öffentlich ausgeschriebenen Architektur-Wettbewerben und lange Jahre Mitglied des Sanierungsbeirates der Stadt.

Le Maire, Dorothee
Archivarin, Autorin
geb. 1956 in Elmstein /Pfalz

Bei ihr wird alles gesammelt, gesichtet, studiert und interpretiert, was die Geschichte der Stadt erhellt.
Nach dem Studium der Anglistik und Geschichte in Mannheim Fachhochschulstudium der Archivwissenschaft in Marburg. Danach am Stadtarchiv Pforzheim. Seit 1989 Leiterin des Stadtarchivs Ettlingen. Redaktion zahlreicher stadtgeschichtlicher Publikationen. Mehrfache Landes- und Vizelandesmeisterin in den Standard- und lateinamerikanischen Tänzen. Übungsleiterin und Vorstandsmitglied beim Tanzsportclub Sibylla Ettlingen.

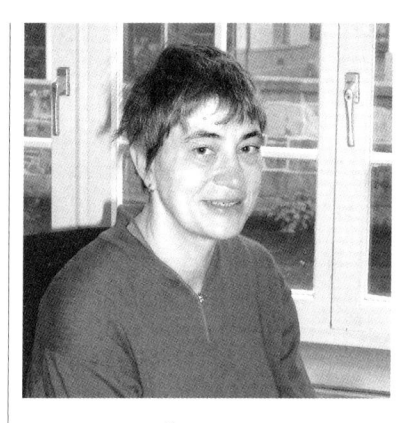

Es ist besser, ein Licht anzuzünden als über die Dunkelheit zu stöhnen.

Leschke, Dr. Christian
Archäologe, Autor
geb. 1964 in Leverkusen

Studium der Klassischen Archäologie in Köln, München und Freiburg. Promotion 1998. 1998 bis 1999 Assistent am Archäologischen Institut Freiburg. Grabungstätigkeit im In- und Ausland. Von 2000 bis 2002 Aufarbeitung der archäologischen Denkmäler Ettlingens, Verfasser des Bandes I a der „Geschichte der Stadt Ettlingen". Mitglied der Stadtgeschichtlichen Kommission.

Den Mutigen hilft das Glück.
(Simonides von Keos)

Letzgus, Birgitta
Rektorin
geb. 1958 in Ettlingen

Nach dem Besuch der Grundschule Bruchhausen und des Gymnasiums in Karlsruhe Studium an der Pädagogischen Hochschule in Karlsruhe als Tutorin im Fach Sport. Anschließend Sachbearbeiterin bei Hewlett-Packard und Familienmanagerin (zwei Töchter). Heute Lehrerin und Rektorin an der Hans-Thoma Schule in Spessart.

Auch in den schwierigsten
Lebenslagen immer positiv denken
und nach vorne blicken.

L

Lorch, Wolfgang
Rektor i.R.,
Mitglied des Ettlinger Gemeinderates,
SPD-Fraktionsvorsitzender
geb. 1940 in Ettlingen

Aufgewachsen in Ettlingen, Abitur ebenda. Studium zum Realschullehrer in den Fächern Geschichte, Gemeinschaftskunde und Deutsch. Schuldienst in Ettlingen. Realschulrektor an der Anne-Frank-Realschule in Ettlingen von 1984 bis 2004. Geschäftsführender Schulleiter der Ettlinger Schulen von 1997 bis 2004. Autor schulischer Unterrichtsliteratur und heimatgeschichtlicher Literatur. SPD-Mitglied seit 1964. In Gemeinderäten und Ortschaftsräten ab 1966 in Wettersbach, Karlsruhe und Ettlingen. Im Ettlinger Gemeinderat seit 1989 und hier Fraktionsvorsitzender von 1992 bis heute.

Wo das Strenge mit dem Zarten,
wo Starkes sich und Mildes paarten,
da gibt es einen guten Klang.
(Friedrich Schiller)

Ludwig, Dr.-Ing. E.h. Dieter
Geschäftsführer
geb. 1939 in Dortmund

Gilt auch international als einer der angesehensten Experten des Öffentlichen Personennahverkehrs (ÖPNV). 1958 Abitur. 1964 Diplomprüfung. Im Jahr 1967 Zweites Staatsexamen. 1976 Geschäftsführer der Verkehrsbetriebe Karlsruhe GmbH (VBK). 1978 Geschäftsführer der Albtal-Verkehrs-Gesellschaft mbH (AVG). 1993 Geschäftsführer des Karlsruher Verkehrsverbundes GmbH (KVV). 2003 Geschäftsführer der Karlsruher-Schieneninfrastruktur-Gesellschaft mbH (KASIG). Unter seiner Ägide weitete sich das „Karlsruher" Straßenbahnnetz bis nach Baden-Baden, Bad Wildbad, Wörth, Heilbronn und Freudenstadt aus.

Wirklich Großartiges geschieht nur dann, wenn einer mehr tut als er tun muss.

Lütke, Andreas
Geschäftsführer
geb. 1961 in Hagen / Westfalen

Besuch des Goerdeler-Gymnasiums in Paderborn. Danach Ausbildung zum Schauwerbegestalter. Zur selben Zeit Engagement bei den Kammerspielen Paderborn. Erste Events für Nixdorf Computer. Über München nach Karlsruhe als Eventgestalter und Messebauer für kleinste Firmen und internationale Unternehmungen. Einsätze in ganz Europa, Russland und in Brasilien. Geschäftsführender Gesellschafter der EINS PLUS* messebau gmbh, Ettlingen.

Just do it!

Lundbeck, Elisabeth
Pfarrerin
geb. 1955 in Großalmerode

Nach dem Abitur 1975 Studium der Theologie in Wuppertal, Heidelberg, Jerusalem und Göttingen. Dem Ersten Examen folgen praktische Ausbildung, Zweiten Examen und Pfarrvikariat in Karlsruhe. 1985 bis 1998 Pfarrerin in Stutensee, seit 1998 Pfarrerin der Luthergemeinde in der Evangelischen

Kirchengemeinde Ettlingen und Diakoniepfarrerin für den Kirchenbezirk Alb-Pfinz. Von 1993 bis 1999 Pastoralpsychologische Fortbildung mit Zertifikat.

Du sollst Gott lieben von ganzem Herzen, von ganzer Seele und mit all deiner Kraft und deinen Nächsten wie dich selbst. (Matt. 22, 37.39)

März, Beatrix
Industriekauffrau, Mitglied des Ettlinger Gemeinderates, Ortschaftsrätin
geb. 1959 in Karlsruhe

1984 Heirat und Start eines Unternehmens im Bereich Einzel- und Großhandel mit Motorrädern in Deutschland und Österreich. Geschäftsführerin und Inhaberin der März Motorradhandel GmbH, Ettlingen, Hanau und A-Bruck. Vier Kinder (29, 21, 19, 5). Seit 1999 im Ortschaftsrat Ettlingenweier, seit 2005 im Ettlinger Gemeinderat für die Fraktion der CDU.

Jede Krise ist auch eine Chance.

Maier, Irmela
Bildhauerin
geb. 1956 in Bad Waldsee

1975 Abitur in Ravensburg. Von 1976 bis 1982 Studium an der Staatlichen Akademie der Bildenden Künste in Stuttgart, mit Abschluss Kunsterziehung. Von 1980 bis 1981 Académie des Beaux-Arts, Paris. 1981 Oberschwäbischer Kunstpreis. Von 1985 bis 1986 Saint Martin's School of Art/ London. Seit 1988 Mitglied der Ateliergemeinschaft Wilhelmshöhe, Ettlingen. Lebt mit ihren Kindern und dem Maler Bodo Kraft in Ettlingen.

Wer seinem Nächsten das Anderssein noch nicht verziehen hat, ist noch nicht weit auf dem Weg der Weisheit.

Maier-Gerber, Dr. med. Hartmut
Arzt, Vorstand i.R.
geb. 1923 in Karlsruhe

Nach Kriegsende und Entlassung aus der Gefangenschaft Facharzt für Allgemeinmedizin. Parallel Aufbau mehrerer Industriefirmen in Ettlingen mit Schwager Karl-Ludwig Blau (Ferma-Werke, Elba-Werk, Elbatainer). Anschließend Aufbau der Langensteinbacherhöhe Bibelkonferenzstätte und Haustöchterschule e.V. und das Spezialkrankenhaus für Chronischkranke und Rehabilitation in Karlsbad. Jahrzehntelang Vorstand und verantwortlicher Arzt innerhalb der Langensteinbacherhöhe nach Abgabe aller Industrieunternehmen.

Jesus Christus, Anfang und
Ende der Menschheitsgeschichte.

Maisch, Alfons
Stadtoberamtsrat
geb. 1947 in Schöllbronn

Von 1961 bis 1964 Verwaltungslehre in Schöllbronn und Forchheim. Von 1964 bis 1968 Gemeinderechner in Schöllbronn. Von 1968 bis 1974 Verwaltungs- Ratschreiber der Gemeinde Schöllbronn, heute einer der Höhenstadtteile von Ettlingen. Von 1974 bis 1976 verschiedene Ämter in der Stadtverwaltung Ettlingen, ab 1976 persönlicher Referent und Büroleiter des damaligen Oberbürgermeisters Dr. Erwin Vetter. Seit 1986 Leitung der selbst aufgebauten Schloss- und Hallenverwaltung. Hauptaufgabe: Vermarktung und Vermietung des gesamten städtischen Hallenangebotes. Seit 25 Jahren Manager des Marktfestes und weiterer städtischer Events.

Das Leben ist schön.
Jeder Tag ist ein Geschenk.

Mechelke, Renate
Lehrerin, Rektorin
geb. 1947 Döbeln / Sachsen

Nach dem Abitur Lehramtsstudium an der PH Karlsruhe. Mehrere Auslandsaufenthalte in England. Erste Anstellung in Rheinstetten. Nach vier Jahren Wechsel an die Grund- und Hauptschule Spessart. Seit 1982 Schulleiterin der Erich-Kästner-Grundschule in Ettlingenweier. Zwei Semester Zusatzstudium

(Funkkolleg) „Beratung in der Erziehung".

Der Weg zum 'Glück' erfordert Entschlossenheit, Anstrengung und Zeit.
(Dalai Lama)

Möller, Karl-Dieter
Fernsehjournalist
geb. 1945 in Melle / Niedersachsen

Immer wenn es spektakuläre, höchst richterliche Entscheidungen aus der „Residenz des Rechts" zu vermelden gibt, flimmert sein Konterfei über die TV-Bildschirme.
Aufgewachsen in Münster. Studium der Publizistik, Politischen Wissenschaften und Rechtswissenschaften in Münster und München. Freie Mitarbeit für verschiedene Hörfunk-Wirtschaftsredaktionen. Persönlicher Referent eines bekannten Wirtschaftsführers. Trotz Zweiten juristischen Staatsexamens zieht es ihn wieder zum Journalismus. 1979 wird er Redakteur beim ZDF. 1986 wechselt er vom „Zweiten" zum „Ersten" und übernimmt die Leitung der neuen ARD-Fernsehredaktion „Recht und Justiz", damals des SDR, heute des SWR. Er gehört zur Kommentatorenriege der ARD.

Für seine Arbeit hat er mehrere Fernsehpreise bekommen, u.a. 1998 den „Adolf-Grimme-Preis" für seine qualifizierte Berichterstattung über juristische Sachverhalte in der ARD. Er lebt seit 1986 in Ettlingen.

Manchmal ist es besser, mit dem Unrecht seinen Frieden zu schließen als dem Recht ständig hinterher zu laufen.

Müller, Gunther
Unternehmer
geb. 1941 in Freudenstadt

Studium der Pharmazie und Betriebswirtschaftslehre an der Universität

Karlsruhe. Geschäftsführender Gesellschafter der Müller & Veith GmbH mit Metzgereifilialen in Karlsruhe und Umgebung. Seit 1989 zusammen mit Diethelm Tacke Gründungsgesellschafter der TMF Food Industries GmbH & Co. KG mit Sitz in Karlsruhe und Produktionsstätten in mehreren Bundesländern. 2001 Übernahme einer Apotheke in Ettlingen.

Erfolg und Freude an der Arbeit sind die beste Lebensmedizin!

Müller, Hanno
Mitglied des Ettlinger Gemeinderates, Kachelofen- u. Luftheizungsbauermeister
geb. 1941 in Zweibrücken

Nach Schulabschluss Lehre als Ofensetzer und Fliesenleger. Meisterprüfung. Selbständig seit 1964 in Ettlingen mit einem Kamin- und Kachelofenstudio. Stellvertretender Obermeister der Kachelofenbauer Innung. Vereidigter Sachverständiger. Stadtrat von 1999 bis 2004 und seit 2005 wieder im Gemeinderat. Vorsitzender der Gruppe Handwerk im Gewerbeverein Ettlingen. Mitglied des Arbeitskreises Stadtmarketing.

Miteinander statt gegeneinander, denn nur gemeinsam sind wir stark.

Müller-Graf, Kurt
Staatsschauspieler
geb. 1913 in Karlsruhe

Er gilt als einer der Väter der Ettlinger Schlossfestspiele. Seine Theaterkarriere ist bemerkenswert. In 70 Theaterjahren weit über 10.000 Vorstellungen. Erstmals 1930 auf den „Brettern" als Statist in „Andreas Hofer" in Ötigheim. Gehörte dreimal zum Schauspiel-Ensemble des Badischen Staatstheaters Karlsruhe – von 1935 bis 1978. Spielte in den frühen Vierziger Jahren in vielen Filmen der Münchner Bavaria mit (u.a. als junger Lessing in den „Komödianten" mit Dorsch, Krahl, Porten), wirkte z.B. am Bayerischen Staatsschauspiel, am Schauspielhaus Zürich und an der Wiener Burg. Spielte mit vielen Prominenten – mit Gustaf Gründgens in Karlsruhe, mit Paula Wessely in Wien und mit Emil Jannings in München. Im Musical „My fair Lady" in Karlsruhe 119 mal Professor Higgins. War in Karlsruhe als Hamlet, Mortimer, Tellheim, Ferdinand, Weislingen, Pylades, Saladin, Loman, Dr. med. Prätorius, Theseus, Prospero, Theiresias und Octavio Piccolomini zu sehen. Von 1979 bis 1991 Intendant der von ihm maßgeblich aufgebauten Schlossfestspiele Ettlingen, für die er viele prominente Schauspieler und Regisseure verpflichtete. Zuletzt am Kammertheater Karlsruhe in der Rolle des Georg Naumann in der Komödie „Ein gesegnetes Alter" von Curth Flatow sowie in der Produktion des Badischen Staatstheaters Karlsruhe „Grimmige Märchen". 1. Vorsitzender des Carlsruher Cultur Cirkel e.V. (CCC). Ehrenmitglied des Badischen Staatstheaters Karlsruhe.

Wo wir uns der Sonne freuen, sind wir jede Sorge los. Daß wir uns in ihr zerstreuen, darum ist die Welt so groß. (Goethe)

Nachtmann, Udo
Inhaber und Geschäftsführer
geb. 1959 in Sinsheim

Studium zum Dipl. Bankbetriebswirt ADG. Bis 1996 bei der Volksbank Eppingen eG zuletzt als Prokurist, 1996 bis 1999 Vorstandsmitglied der Kornwestheimer Bank eG. Von 1999 bis 2003 als Vorstandsmitglied und Bankdirektor der Volksbank Ettlingen eG. Heute Inhaber der Unternehmensberatung Nachtmann Consulting, Ettlingen und Geschäftsführer der Fina – Unabhängigen Finanzberatung GmbH, Ettlingen. Langjähriges ehrenamtliches Engagement für diverse soziale Einrichtungen, Schatzmeister der Museumsgesellschaft Ettlingen e.V.

In der Ruhe liegt die Kraft!

Nagelschmidt, Hartmut
Diplom-Kaufmann, Vertriebs- und Servicezentrumsleiter
geb. 1966 in Ahaus / Westfalen

Nach dem Wirtschaftsabitur von 1984 bis 1986 Ausbildung zum Industriekaufmann. Anschließend Grundwehrdienst als Stabsdienstsoldat in Oldenburg. Von 1988 bis 1993 Studium der Wirtschaftswissenschaften an der Universität Paderborn und an der Dublin City University. Anschließend bis 1996 Direktionsassistent in München. Von 1998 bis 2000 Verkaufsleiter in Darmstadt. Ab 2000 für vier Jahre Niederlassungsleiter in Kassel, im Juni 2004 Wechsel nach Ettlingen als Leiter des Miele & Cie. KG Vertriebs- und Servicezentrum in Karlsruhe.

Keine halben Sachen!

Nickel, Melanie LL.M.
Energieexpertin,
Mitglied des Ettlinger Gemeinderates
geb. 1972 in Karlsruhe

1991 High School Abschluss an der Prince Andrew High School, Dartmouth, N. S., Canada. 1993 Abitur am Eichendorff-Gymnasium Ettlingen. 1998 Erstes Juristisches Staatsexamen, Universität Heidelberg. 2000 LL.M. Commercial Law, University of Wales, Cardiff. 2001 Zweites Juristisches Staatsexamen in Karlsruhe. Seit August 2001 bei der EnBW Vertriebs- und Servicegesellschaft mbH Karlsruhe. Seit April 2002 erste Vorsitzende des Vereins Solidarität Ettlingen Fada N'Gourma e. V. Seit September 2004 Mitglied des Gemeinderates der Stadt Ettlingen für die FE-Fraktion.

Sei hart zu Dir selbst,
aber geduldig mit anderen.

Niemetz, Prof. Gerold
Professor em.
geb. 1934 in Krummau / Böhmerwald

Abitur in Ettlingen. Studium der Geschichte, Anglistik und Sport an der Universität Heidelberg. Referendarzeit in Karlsruhe. 1962 Zweites Staatsexamen. Lehrtätigkeit am Kantgymnasium Karlsruhe. 1971 Ernennung zum Professor am Studienseminar Karlsruhe, ab 1974 stellvertretender, ab 1986 Leiter des Seminars. Geschichtsdidaktische und geschichtswissenschaftliche Publikationen (Bücher, Fachzeitschriften, Rundfunk). Nach der Zurruhesetzung 1999 Beschäftigung mit Lokalgeschichte in Ettlingen: Biografie des Ettlinger Bürgermeisters Paul Potyka u.a. zeitgeschichtliche Publikationen, meist auf „Oral-History"-Basis. Mitglied der Stadtgeschichtlichen Kommission Ettlingen. Seit 2004 Mitorganisator der Ettlinger Kinder Sommer Akademie.

Suaviter in modo fortiter in re
(Sanft in der Methode, fest in der Sache)

Oehler, Dipl.-Ing. Eberhard
Geschäftsführer
geb. 1955 Kempten / Allgäu

1981 Studiumsabschluss in Elektrotechnik in Karlsruhe. Von 1988 bis 1989 bei ABB in Mannheim als Projektleiter für Auflagenbau, Tätigkeit im Inland und außereuropäischen Ausland. Von 1989 bis 1991 technischer Werkleiter Stadtwerke Hockenheim. Seit 1992 Werkleiter bzw. Geschäftsführer der Stadtwerke Ettlingen GmbH. Lehrbeauftragter an der Berufsakademie Mannheim. Mitglied im Meisterprüfungsausschuss der IHK Karlsruhe. Vorstandsmitglied im VDE Mittelbaden. Aktuell mitverantwortlich für den Wiederaufbau der Wasserversorgung in Kabul und Herat (Afghanistan). Begeisterter Ausdauersportler, Skifahrer und Bergsteiger.

Vom Menschen nichts anderes zu erwarten, als das, was man selbst bereit ist zu tun oder zu leisten.

Oehler, Frank
Küchenchef
geb. 1964 in Mussenhausen / Allgäu

Nach Ausbildung zum Koch im Restaurant Benz 1981 in den Häusern Restaurant Alpenhof in Murnau, Seehotel Restaurant „Siber" und den „Schweizer Stuben" in Wertheim tätig. Anschließend Sous Chef bei Anton Mosimann in London und Sous Chef in Basel im Teufelhof. 1995 Eröffnung des eigenen Restaurants „D'Rescht" in Hawangen im Allgäu. In dieser Zeit „Entdeckung des Jahres" und „Menü des Jahres" bei Gault Millau. Vor Übernahme der Stelle des Küchenchefs im „Erbprinz" im Januar 2005, Executive Chef im Las Dunas in Marbella als auch bei Mosimann in London. Mehrmals mit Michelin-Sternen ausgezeichnet.

Über guten Geschmack lässt's sich nicht streiten.

Offele, Josef
Oberbürgermeister a.D.
Mitglied des Kreistages
geb. 1946 in Steinfurt / Borghorst

1966 Humanistisches Abitur. Zwei Jahre Wehrdienst (Leutnant d.R.), Studium der Rechtswissenschaften in Berlin und Freiburg. 1972 Erstes juristisches Staatsexamen, 1975 Zweites Juristisches Staatsexamen. Von 1975 bis 1983 Innenverwaltung Baden-Württemberg (Regierungspräsidium Karlsruhe und Sozialministerium). Von 1983 bis 1987 Bürgermeister der Großen Kreisstadt Ettlingen (1. Beigeordneter). Von 1987 bis 2003 Oberbürgermeister. Seitdem freiberuflich als Unternehmensberater tätig. Bei der Kreistagswahl am 13. Juni 2004 fuhr er mit 12.206 Stimmen das

kreisweit beste Ergebnis ein. Er ist Vorsitzender des Regionalverbandes Mittlerer Oberrhein und Präsident der Vereinigung der Regio PAMINA.
Er gehört neben Hugo Rimmelspacher und Dr. Erwin Vetter zu denen, die das Gesicht und das Leben der Stadt geprägt haben. 16 Jahre lang bestimmte er die Geschicke der Stadt.

Diese Welt ein wenig besser machen, dabei reicht das Verständnis weiter als der Verstand.

Ott, Hans H.
Diplom-Chemiker, Geschäftsführer
geb. 1949 in Darmstadt

Abitur 1967, Studium der Chemie an der TH Darmstadt, Dissertation am Institut für Biochemie des Deutschen Krebsforschungszentrums Heidelberg. Promotion zum Dr. rer. nat. 1978, anschließend wissenschaftliche Tätigkeit am DKFZ. 1979 bis 1983 Produktmanager für Antibiotika und Zytostatika bei Rhône-Poulenc Hamburg. 1983 bis 2002 in leitenden Positionen bei Allergan in Karlsruhe, Lachen (Schweiz) und Ettlingen. Seit 2002 Geschäftsführer der Advanced Medical Optics (AMO) Gesellschaften in Zentraleuropa mit Sitz in Ettlingen sowie weltweite Verantwortung für internationale Kongresse und wissenschaftliche Weiterbildung in allen Produktsegmenten (Kontaktlinsen und -Hygiene, Augenchirurgie und Laserbehandlung zur Korrektur von Fehlsichtigkeiten). Versechsfachung des Unternehmenswertes in drei Jahren.

Persönlichkeit ist was übrig bleibt, wenn man Ämter, Orden und Titel von einer Person abzieht.

Otten-Tscheulin, Hans-Georg
Marketing- und Personalfachkaufmann
Erster Vorsitzender des
Einzelhandelsverbandes Karlsruhe
geb. 1950 in Mönchengladbach

Von 1967 bis 1970 Wirtschaftsoberschule. Von 1970 bis 1972 Ausbildung zum Kaufmann im Konzern-Einzelhandel. Von 1975 bis 1980 Marketing- und Personalfachkaufmann in Karlsruhe. Seit 1982 Filialgeschäftsführer im Konzern-Einzelhandel (Polster Otten). Die erste Filiale befand sich in der Kaiserallee. Polster Otten ist inzwischen auch in verschiedenen anderen Orten vertreten, u.a. in Wiesbaden, Germersheim, Ludwigshafen, Mainz-Kastell, Frankfurt und Nürnberg. In seiner Funktion als erster Vorsitzender des Einzelhandelsverbandes Karlsruhe vertritt er die Interessen aller Kaufleute und Unternehmen des Einzelhandels in der Fächerstadt.

Palermo, Alfredo
Judolehrer,
Mitglied des Ettlinger Gemeinderates
geb. 1944 in Caltanissetta / Italien

Beginn der Berufslaufbahn mit 12 Jahren als Stuckateur/Restaurateur für Kirchen und Theater. Mit 16 Jahren Ausbildung zum Maler im Betrieb des Onkels in Italien. Mit 17 Jahren Urlaub in Deutschland, „welcher seitdem anhält". Zuerst Betriebsmaler bei der Spinnerei/Weberei, dann Arbeiter bei der Post in Karlsruhe. Jahrelang Leitung der Judoabteilung und selbst als Kämpfer aktiv. 1975 Umbau eines Stalls zur Judohalle. Von hier aus sportlicher Werdegang als Landestrainer, Talentsichter, Bundeskampfrichter, Funktionär des Badischen Judo Verbandes und Betreuer der jugendlichen Nationalkämpfer. Zeitgleich mit eigenem Nachwuchs vielfacher Titelträger (u.a. Deutsche MeisterInnen, Europa- und Weltmeisterschaftsteilnahmen und Platzierungen, Olympia, etc.) 1989 Vergrößerung der Trainingsstätte (japanische Halle als Pilotprojekt in Deutschland), seitdem ständiger Ausbau. Seit 1999 Mitglied des Gemeinderats.

Menschen in Not muss geholfen werden!

Peters, Dipl. Ing. Heinz
Unternehmer
geb. 1949 in Lüdinghausen

Nach Fachabitur, Maschinenschlosserlehre und Maschinenbau-Studium an der TH Dortmund Abschluss 1971 in der Fachrichtung Konstruktion. Nach mehrjähriger Erfahrung in verschiedenen Firmen als Entwickler und Konstrukteur 1977 Projektleiter eines großen mittelständischen Unternehmens, 1980 General Manager einer Firma im amerikanischen Firmenverbund, 1990 Gründer und Gesellschafter der Firmen Rotech und AIR TORQUE. Convenor im deutschen DIN Normverband, Vizepräsident des europäischen Armaturenverbandes CEIR. Seit 11 Jahren im Ortschaftsrat Bruchhausen (CDU-Fraktion), Mitbegründer der Bürgerstiftung Ettlingen, seit 18 Jahren Vorstand des TTV Ettlin-

1989 bis 1994 Studium der Rechtswissenschaft. 1994 bis 1996 Zweites juristisches Staatsexamen in Freiburg. Von 1997 bis 1999 Hauptamtsleiterin bei der Stadt Wildbad. Von 1999 bis 2005 Hauptamtsleiterin bei der Stadt Rheinstetten. Seit 2005 Erste Beigeordnete der Großen Kreisstadt Ettlingen. Stellvertretende Diözesanvorsitzende des Familienbundes der Erzdiözese Freiburg.

Die kürzeste Entfernung zwischen zwei Menschen ist, wenn einer auf den anderen zugeht.

genweier, seit 16 Jahren Vorstand des Cäcilienverein Bruchhausen, seit 16 Jahren im Pfarrgemeinderat Bruchhausen und Senator der GroKaGe Ettlingenweier.

*Jeder Tag bietet die Chance
etwas für unsere Zukunft zu tun*

Petzold-Schick, Cornelia
Bürgermeisterin
geb. 1964 in Pforzheim

Nach dem Abitur Ausbildung zur Bankkauffrau und zur Kriminalbeamtin. Von 1988 bis 1992 Kriminalbeamtin beim Landeskriminalamt Baden-Württemberg – Abteilung Wirtschaftskriminalität. Von

Pitzer, Dr. theol. Volker
Pfarrer
geb. 1944 in Bottenhorn,
heute Bad Endbach / Kreis Marburg

Nach dem Abitur 1964 in Biedenkopf bis 1969 Studium der Evangelischen Theologie in Frankfurt, Marburg, Zürich und Heidelberg. Von 1969 bis 1977 Promotion und Wissenschaftlicher Assistent an der Universität Heidelberg. Ab 1978 Lehrer an den Gymnasien in Weinheim und Schriesheim. 1981 Sekretär des Landesbischofs, Evangelischer Oberkirchenrat Karlsruhe. Ab

Herbst 1985 Pfarrer der Evangelischen Johannesgemeinde in Ettlingen. Von 1988 bis 1992 Landessynode, Landeskirchenrat, Vizepräsident der Landessynode. Ab 2002 Bezirkskirchenrat. Seit 2004 Vorsitzender der Evangelischen Kirchengemeinde.

Das Leben ist zu unverfügbar und zu kompliziert für ein Motto.

Pokorny, Prof. Werner
Bildender Künstler
geb. 1949 in Mosbach

Von 1971 bis 1976 studierte er an der Staatlichen Akademie der Bildenden Künste Karlsruhe bei Baschang, Kalinowski und Neusel. Von 1974 bis 1976 Studium der Kunstgeschichte und der Kunstwissenschaft an der Universität Karlsruhe und der Akademie der Bildenden Künste Karlsruhe. 1988 Gastaufenthalt in der Villa Romana. 1989 Stipendium der Kunststiftung Baden-Württemberg. Von 1989 bis 1990 Gastprofessur an der Staatlichen Akademie der Bildenden Künste Karlsruhe. 1998 Berufung auf eine Professur für allgemeine künstlerische Ausbildung, Schwerpunkt Bildhauerei, an der Staatlichen Akademie der Bildenden Künste Stuttgart. Er ist Mitglied des Deutschen Künstlerbundes, 2. Vorsitzender des Künstlerbundes Baden-Württemberg, Mitglied des Beirates der Kunststiftung Baden-Württemberg und Gründungsmitglied der Ateliergemeinschaft Wilhelmshöhe in Ettlingen, wo er lebt und arbeitet.

Es könnte auch anders sein.

Raab, Werner
Ehemaliger Bürgermeister
der Stadt Ettlingen
geb. 1947 in Bruchsal

Banklehre bei der Badischen Kommunalen Landesbank in Karlsruhe. Danach Ausbildung zum Diplom-Verwaltungswirt (FH) bei der Stadt Bruchsal bis 1975. Seit 1975 verschiedene Funktionen beim Landratsamt Karlsruhe. 1988 Wechsel zum Umweltministerium Baden-Württemberg. Nach Stationen im Staatsministerium und Sozialministerium von 1997 bis 2005 1. Beigeordneter der Stadt Ettlingen. Kandidat der CDU für die kommende Landtagswahl als Nachfolger von Dr. Erwin Vetter, der nicht wieder kandidiert.

Leben und leben lassen.

Raase, Hubert H.
Unternehmer, KSC-Präsident
geb. 1944 in Weimar

Selbständig seit 1969, zunächst in Karlsruhe und seit 1981 in Ettlingen. Leitet ein Unternehmen der Werbebranche. Wurde 2002 als Nachfolger von Detlef Dietrich zum Präsidenten des Karlsruher Sportclubs gewählt. Sein sportliches Ziel ist der Wiederaufstieg des KSC in die Erste Bundesliga.

Carpe diem.
(Nutze den Tag)

Rau, Bernd
Sport-Sachwalter
geb. 1940 in Ettlingen

Von 1964 bis 1977 Schriftführer für Spiel- und Verbandsangelegenheiten beim TSV Ettlingen, seit 1977 geschäftsführender Vorsitzender. Beim Badischen Sportbund für den Sportkreis Karlsruhe von 1966 bis 1978 Kreiskassenwart und von 1969 bis 1978 Kreisjugendkassenwart, seit 2001 Vorstandsmitglied/Vertreter der Verbände. In der Badischen Sportjugend von 1971 bis 2001 Vorstandsmitglied/Leiter des Fachausschusses Finanzen und Verwaltung, seit 2001 Mitglied im Fachausschuss. Seit 1981 als sachverständiger Bürger im Sportausschuss der Stadt Ettlingen. Von 1989 bis 1994 Kassier der Arbeitsgemeinschaft Ettlinger Sportvereine, seit 1994 deren Vorsitzender. Von 1994 bis 2001 Vorstandsmitglied Deutsche Olympische Gesellschaft, Landesverband Baden-Württemberg für Nordbaden, seit 2001 stellvertretender Vorsitzender für Baden.

Gschafft isch glei –
wenn nur was gmacht wär.

Rauch, Elvira
Werbekauffrau, Verlegerin
geb. in Schweinfurt

Nach Schulabschluss und kaufmännischer Lehre mehrere Stationen innerhalb der Pfalz mit vielseitigem beruflichen Engagement. Umzug nach Karlsruhe und berufliche Neuorientierung. Beginn einer „nochmaligen Lehre" in einer spezialisierten Werbeagentur. Wechsel in weitere Agenturen mit entsprechender Qualifikation. 1985 Sprung in die Selbständigkeit. Seit dieser Zeit Leitung der Full-Service-Agentur Rauch & Rauch. Parallel zur Werbeagentur wurde mit dem herausgegeben Magazin „ettlingen life", das 2003 aufgrund der Expansion in „Das unverwechselbare Stadtmagazin" geändert wurde, der WM-Verlag gegründet. Umzug mit der Agentur im Jahre 2000 nach Ettlingen. Seit 2000 Veranstaltung der Hochzeitstage im Schloss Ettlingen durch die angeschlossene PR-Agentur Rauch.

Mensch bleiben,
auch wenn's manchmal schwerfällt.

Rebmann, Herbert
Rechtsanwalt,
Mitglied des Ettlinger Gemeinderates
geb. 1961 in Stuttgart

Im Alter von zehn Jahren vom Schwabenland in den badischen Odenwald gezogen und dort fünf Jahre auf einem Kircheninternat erzogen worden. Nach dem Abitur Jurastudium in Heidelberg, obwohl Geschichte den Neigungen und dem Interesse viel eher entsprochen hätte. Von 1992 an glücklich mit Frau und drei Kindern in Ettlingen. Seit 2004 für die unabhängige Wählergemeinschaft „FE" als Stadtrat und Kreisrat in Gemeinderat und Kreistag politisch aktiv. Bekennender Lobbyist für die Interessen von Familien mit Kindern. Überzeugter Konservativer, der bereit ist, alles in Frage zu stellen und zu verändern, damit unsere Gesellschaft für die Kinder lebenswert erhalten bleibt.

Das Leben ist nichts ohne unsere
Kinder, in denen wir leben.

Reich, Frank
Pianist, Organisationsleiter
geb. 1961 in Karlsruhe

Abitur am Helmholtz-Gymnasium Karlsruhe (Musikzug). Studium an den Musikhochschulen Karlsruhe und Köln sowie mit einem Stipendium der Studienstiftung des Deutschen Volkes in Porto/Portugal. Preisträger nationaler und internationaler Klavierwettbewerbe. 1984 bis 1991 Mitgründer und Geschäftsführer des „piano-podiums Karlsruhe e.V.", einem Verein zur Förderung des Klavierspiels. Von 1986 bis 1993 Klavierlehrer an der Musikschule Ettlingen. Ab 1993 Lehrer für Klavier und Kammermusik am Badischen Konservatorium Karlsruhe, seit 1995 dort Leiter der Abteilung Tasteninstrumente.

Seit 1990 Organisationsleiter des Internationalen Wettbewerbs für junge Pianisten Ettlingen in Nachfolge von Norbert Karle. Der Wettbewerb wird alle zwei Jahre von der Stadt Ettlingen mit der Sparkasse Ettlingen als Hauptsponsor durchgeführt. Mit über 250 Bewerbern aus 44 Nationen ist er die größte Veranstaltung dieser Art weltweit. Internationale Jury-Tätigkeit. Seit 2002 Vizepräsident der EMCY (European Union for Music Competitions for Youth), der Dachorganisation von über 50 Jugend-Musikwettbewerben in ganz Europa. Musikalische Betreuung des Glockenspiels am Rathaus Karlsruhe.

Loben und loben lassen.

Reich, Werner
Betriebsleiter i. R.,
Mitglied des Ettlinger Gemeinderates
geb. 1934 in Ettlingen

Nach der Volksschule 1949 Schreinerlehrabschluss als Kammersieger. 1960 Meisterprüfung. Von 1954 bis 1993 bei der Firma Feederle Karlsruhe, seit 1965 als Betriebsleiter. Präsident der Narrengilde, 50-jähriges Bühnenjubiläum. Viele Jahre Mundartvorträge, 55 Jahre im Gesangverein Freundschaft, seit zehn Jahren erster Vorstand. Seit 1984 CDU-Stadtrat in Ettlingen.

Ehrenamtlich füreinander da sein, Freude bereiten.

Reister, Rudi
Kaufmann i. R.
geb. 1940 in Ettlingen

Kaufmännische Lehre als Textilkaufmann und Großhandelskaufmann. 45 Jahre aktiv in der Narrengilde Ettlingen in den Funktionen: Elferrat, Ehrenrat, Vizepräsident und Geschäftsführer, Vereins-Arge-Vorsitzender. Mitverantwortlich seit 35 Jahren für den Narrenbrunnenpreis. Immer aktiv für Ettlingen auf Reisen. Gastronom und Rentner.

Einer für alle, alle für einen.

Rentsch, Prof. Dr. med. Johannes Friedrich
Arzt
geb. 1937 in Jena

Medizinstudium, Facharztausbildung und Habilitation in Tübingen. Von 1983 bis 2003 Direktor der St. Vincentius Augenklinik in Karlsruhe. In dieser Zeit Entwicklung der Klinik zu einer der angesehensten Augenkliniken in Deutschland. Operative Schwerpunkte besonders in der Chirurgie des Grauen und Grünen Stars, sowie in der Netzhaut- und Glaskörperchirurgie. Zahlreiche nationale und internationale Auszeichnungen für chirurgische Arbeiten. Seit Juli 2004 Betrieb einer augenärztlichen operativen Privatpraxis in Ettlingen. Verheiratet, drei Kinder, fünf Enkelkinder. Passionierter Gourmet, Baîlli der Chaîne des Rotisseurs Nordbaden-Kurpfalz, einer internationalen Gesellschaft zur Pflege der Tafelkultur.

Familie, Arbeit und Freizeit in der richtigen Mischung sind gleichermaßen wichtige Quellen für Kraft und Lebensfreude.

Riedel, Dörte
Industriekauffrau,
Mitglied des Ettlinger Gemeinderates
geb. 1948 in Karlsruhe

Realschulabschluss 1966 in der Hardtschule in Karlsruhe-Mühlburg. Lehre zur Industriekauffrau bei den Industrie-Werken Karlsruhe Augsburg. Sachbearbeiterin und Betriebsrätin bei der Karlsruher Lebensversicherung AG. Nach der Geburt der beiden Söhne Familienphase in den Jahren 1984 bis 1994. In dieser Zeit Besuch des Telekollegs mit Abschluss der Fachhochschulreife sowie Elternbeirat in der Schillerschule Ettlingen, Vorsitzende des Gesamtelternbeirats der Stadt Ettlingen und stellvertretendes Mitglied im Landeselternbeirat. In den Jahren 1997 bis 2001 Mitarbeiterin des SPD-Landtagsabgeordneten im Rastatter Raum. Seit 2001 bei ver.di Bildung + Beratung tätig. Stadträtin und stellvertretende Fraktionsvorsitzende der SPD seit 1994. Mitglied im Aufsichtsrat der Stadtbau GmbH seit 1999. Vorsitzende des SPD-

Stadtverbandes. Vorsitzende der Freundschaftsbrücke Nicaragua e.V. sowie stellvertretende Vorsitzende des Tageselternvereins Ettlingen und südlicher Landkreis e.V.

Nutze den Tag

Rössler, Kurt
Sparkassendirektor
geb. 1947 in Mühlacker

Nach Besuch des Gymnasiums in Mühlacker Ausbildung bei der Kreissparkasse Vaihingen/Enz. Von 1970 bis 1973 Weiterbildung an der Sparkassenschule Stuttgart und Studium am Lehrinstitut für das kommunale Sparkassen- und Kreditwesen in Bonn. Stationen bei den Sparkassen Vaihingen/Enz und Ludwigsburg in unterschiedlichen Positionen. Ab 1977 bei der Sparkasse Pforzheim vom Hauptabteilungsleiter Wirtschaftskredite bis zum Direktor der Zweiganstalt Mühlacker und stv. Vorstandsmitglied. Seit 1989 Vorsitzender des Vorstands der Sparkasse Ettlingen.

Im Leben ist es besser zu wollen,
was man nicht hat, als zu haben,
was man nicht will.

Ruf, Hans-Dieter, MBA
Unternehmer
geb. 1925 in Ettlingen

Nach dem Abitur 1943 folgen Wehrdienst und fünf Jahre russische Kriegsgefangenschaft. 1952 Studium der Volkswirtschaft, danach 15 Jahre bei der ELBA-Gruppe in Ettlingen, zuletzt als Marketingdirektor und Vorstandsmitglied. 1971 Gründung der MRK Marketing und weiterer GmbHs: IIM Marketing Irland, EHG Versandhandel, Publik Verlag, GOVV. Ehrenamtliche Tätigkeit in Hilfsorganisationen, 15 Jahre europäisches Vorstandsmitglied bei World Vision USA, 20 Jahre Verwaltungsrat im Diakonissen-Krankenhaus Rüppurr. Von 1997 bis 2000 Gastdozent für Internationales Marketing an der Universität Lausanne. Lebt in Ettlingen.

Nicht wie die Dinge sind
macht uns glücklich oder unglücklich,
sondern nur wie wir sie sehen!

Rupp, Jürgen
Geschäftsführender Gesellschafter
geb. 1958 in Karlsruhe

Nach dem Wirtschaftsabitur von 1978 bis 1980 Bundeswehr anschließend bis 1982 Banklehre bei der Dresdner Bank in Karlsruhe, danach Ausbildung zum Kundenberater. Ab 1988 als Wertpapierberater mit Auslandspraktikum in New York und Boston, im gleichen Jahr Bankfachwirt. 1994 Übernahme des elterlichen Betriebes, der Ettli Kaffee GmbH. Ehrenamtlich von 1995 bis 1998 Vorsitzender der Gruppe Handel im Gewerbeverein Ettlingen. Von 1994 bis 2003 Interessenvertreter des Ettlinger Weihnachtsmarktes.

Wer zur Quelle will,
muss gegen den Strom schwimmen.

Schäfer, Winfried
Fußball-Trainer,
Mitglied des Ettlinger Gemeinderates
geb. 1950 in Mayen

„Winnie", wie ihn seine Fans nennen, gehört mit seinem wallenden, blonden Haarschopf und seinen locker und engagiert dozierten Fußballkommentaren zu den farbigsten Trainerpersönlichkeiten des deutschen Fußballs. Seit seiner Berufung zum Nationalcoach von Kamerun spielt er auf der internationalen Bühne mit. Begonnen hat er als Spieler bei Borussia Mönchengladbach. 1970 wurde er mit den Borussen Deutscher Meister und 1979 Uefa-Cup-Sieger. Mit Kickers Offenbach errang er den DFB-Pokal. In der KSC-Elf stand er von 1975 bis 1977. Seine längste Zeit als Fußball-Trainer verbrachte er in Karlsruhe. Von 1986 bis 1998 war er KSC-Coach mit allen Höhen und Tiefen. Nach seiner schmerzhaften Trennung vom KSC wechselte er zum VfB Stuttgart. Doch war ihm hier kein Fortune beschieden. Erst als der Ruf aus Kamerun ihn erreichte, fand der Fußballbesessene wieder eine Aufgabe, die ihn faszinierte. 2003 wurde er zum „Badener des Jahres" gekürt. Für viele überraschend wurde er am 13. Juni 2004 für die Wählervereinigung "Für Ettlingen" in den Gemeinderat seiner Heimatstadt gewählt. Diese Gruppierung war erst im Oktober 2003 gegründet worden. Er ist seit März 2005 Trainer beim arabischen Fußball-Klub Al Ahli in Dubai.

Fallen ist keine Schande,
aber Liegenbleiben!

Schickh, Sabine Edle von
Dipl.-Betriebswirtin, Inhaberin
geb. 1966 in Karlsruhe

Ab 1991 bei der Firma Juvena Produits de Beauté in Baden-Baden; erst in der Werbung, zuletzt als Brand Manager im Marketing für Juvenas junge Produktlinien. Seit 1995 Inhaberin der Werbeagentur von Schickh, Ettlingen. Gesellschafterin der ExportPages, Suchportal, Berlin. Als Beauftragte des Lions-Club engagiert für „Quest", ein Seminarprogramm zur Gewalt- und Suchtprävention bei Jugendlichen.

Nicht auf das Leben kommt es an,
sondern auf den Schwung,
mit dem wir es anpacken.
(Horace Walpole)

Schieschke, Edelgard
Lehrerin, Rektorin
geb. 1960 in Karlsruhe

Nach der Mittleren Reife ein Soziales Jahr in den Johannes Anstalten Mosbach, Schwarzacher Hof. Anschließend Ausbildung zur Erzieherin an der Fachschule für Sozialpädagogik des Ev. Diakonissenmutterhauses Bethlehem in Karlsruhe. Anschließend Studium der Sozialpädagogik in Esslingen und an der Universität Karlsruhe Literaturwissenschaft, Geschichte und Philosophie. Um dies alles möglich zu machen Arbeit als: Erzieherin im Kindergarten, kommisarische Leitung eines Kindergartens, Erzieherin im Mädchenheim Niefernburg, Deutschunterricht für Spätaussiedler. Wechsel an die Pädagogische Hochschule, erstes Staatsexamen und anschließend Referendariat an der Südschule in Karlsruhe-Neureut. Erste Stelle als Lehrerin in Mannheim auf der Vogelstang. Zwei Jahre später nach Pforzheim an die Nordschule. Von dort auf die Konrektorenstelle an der Pestalozzischule in Ettlingen. Nach drei Jahren wurde sie die Rektorin dieser Schule.

Carpe diem.

Schneider, Christian
Bankkaufmann, Diplomkaufmann, Gesellschafter / Mitglied der Geschäftsleitung
geb. 1957 in Karlsruhe

Besuch des Eichendorf-Gymnasiums Ettlingen und der Zinzendorf Schulen in Königsfeld. Abitur 1977, anschließend Banklehre bei der Deutschen Bank in Karlsruhe bis 1979. Dann von 1980-1987 BWL-Studium an der Universität Mannheim mit Abschluss zum Diplom-Kaufmann. Von 1987 bis 1990 diverse Praktika im In- und Ausland. Seit 1990 als Gesellschafter bzw. Mitglied der Geschäftsleitung in der Firma Schneidersöhne tätig.

Offenheit, Ehrlichkeit und Toleranz als Eckpunkte des Lebensentwurfes.

Sohöpe, Norbert
Musik-Sachwalter
geb. 1944 in Hermsdorf / Schlesien

Von 1985 bis 1986 Sängervorstand beim MGV Sängerkranz Ettlingen – Spinnerei, seit 1986 Erster Vorstand. Von 1988 bis 1998 Zweiter Vorsitzender der Sängergruppe Albtal, seit 1998 Erster Vorsitzender. Seit 2001 Vorsitzender der Arbeitgemeinschaft Ettlinger Gesangsvereine.

Sport und Gesang

Schreiber, Alexander
Geschäftsführer, Aufsichtsratsvorsitzender
geb. 1962 in Ettlingen

1982 Abitur am Albertus-Magnus-Gymnasium Ettlingen. 1982 bis 1984 Ausbildung zum Modellbauer. 1985 bis 1990 Studium der Wirtschaftswissenschaften (Universität Karlsruhe). 1986 Gründung der INOTEC, Innovations- und Unternehmensberatung. Seit 1994 Geschäftsführender Gesellschafter der Modell +

Formenbau Schreiber GmbH. 1984 – 2004 Mitglied des Ettlinger Gemeinderates. Stellv. Fraktionsvorsitzender bis 2004. 1989 bis 1995 Vorsitzender der CDU Ettlingen. Seit 1996 Aufsichtsrat und seit 2003 Vorsitzender des Aufsichtsrates der Volksbank Ettlingen eG.

Leben und leben lassen.

Schrenk, Andreas
Einrichtungsleiter
geb. 1962 in Schwenningen

Ausbildung zum Diplom-Sozialpädagogen (FH) und zum Diplom-Pädagogen. Von 1992 bis 1995 Leitung der Notaufnahme- und Beobachtungsgruppe im St. Augus-tinusheim in Freiburg. 1995 Reisen in Zentralamerika. Von 1996 bis 2000 Erziehungsleiter und Einrichtungsleiter im St. Franziskusheim, Rheinmünster-Schwarzach. Aufbaustudium in Erziehungswissenschaften an der Pädagogischen Hochschule in Freiburg. Berufsbegleitende Fort- und Weiterbildungen in den Bereichen Pädagogik, Psychologie, Leitung, Management und Coaching. Seit 2000 Einrichtungsleiter im St. Augustinusheim in Ettlingen.

In der Ruhe liegt die Kraft.

Schulte-Walter, Heidi
Journalistin
geb. 1962 in Karlsruhe

Nach dem Abitur am Fichte-Gymnasium Karlsruhe von 1981 bis 1986 Studium an der Albert-Ludwigs-Universität Freiburg in Germanistik, Politikwissenschaften und Geschichte. Nach dem Examen einjähriges Volontariat – Ausbildung zur Redakteurin bei den Badischen Neuesten Nachrichten in Karlsruhe. Von 1988 bis 1997 Redakteurin für den Landkreis Karlsruhe, seit Sommer 1997 Leiterin der BNN-Lokalredaktion Ettlingen.

No matter. Try again. Fail again. Fail better. (Samuel Beckett)

Schulz, Dipl. Ing. Rolf
Ingenieur i.R.
geb. 1934 in Ettlingen

Volksschule Ettlingen ab 1941. Realgymnasium Ettlingen von 1945 bis 1952. Schlosserlehre bei der Maschinenfabrik Lorenz Ettlingen. Studium am Polytechnikum München von 1955 bis 1960. Abschluss Dipl. Ing. (FH) Wirtschaftsingenieur. Erste Anstellung bei der Papierfabrik Ettlingen-Maxau als

Assistent der Betriebsleitung, verantwortlich für die gesamte Ausrüstung der hergestellten Papiere. 1965 Wechsel zur BASF. Bis zur Pensionierung 2000 Beratungs- und Anwendungsingenieur. Seine sportlichen und ehrenamtlichen Tätigkeiten waren und sind immer eng an seine Heimatstadt Ettlingen angelehnt. Über viele Jahre Sportwart beim Skiclub Ettlingen. Lange Jahre 1. Vorstand beim Kleintierzuchtverein C 626 und heute noch Schriftführer. Seit 1965 1. Vorstand beim Briefmarkensammlerverein Ettlingen e.V. Hier Hauptengagement bei Ansichtskarten und philatelistischen Belegen von Ettlingen. Bemerkenswerte und bekannte Sammlung von Briefmarken und Postkarten. Mitglied der stadtgeschichtlichen Kommission von Ettlingen.

Liebe Deine Heimatstadt und Du bekommst das Gegebene wieder zurück.

Schwartz, Wolfgang
Realoberlehrer i.R.
geb. 1923 in Neuwied am Rhein

Wenige Wochen nach dem Abitur 1942 in Gleiwitz/Oberschlesien Einberufung zur Deutschen Wehrmacht: Dreimal verwundet, Auszeichnung mit dem EK II. Klasse als Gefreiter und dem EK I. als Leutnant und Kompanieführer. 1945 Entlassung aus englischer Kriegsgefangenschaft. Ab 1945 sechs Semester Studium der Malerei und Graphik (Entwurf, Illustration und Freie Graphik) an der Staatlichen Kunstakademie in Hamburg (unter der Leitung der Professoren Willem Grimm und Alfred Mahlau). Lithograph in einer Druckerei und Zeichner in einer Trickfilmgesellschaft. Über zehn Jahre lang Freischaffender Kunstmaler und Werbegraphiker in Siegen und Lahr. 1960 bis 1962 Studium der Pädagogik am Pädagogischen Institut in Karlsruhe. Nach der 1. und 2. Dienstprüfung Lehrauftrag an der Volksschule in Mörsch, nach der Fachgruppenprüfung Lehrauftrag für Bildende Kunst/Werken und Geographie an der Wilhelm-Lorenz-Realschule in Ettlingen. Lehrbeauftragter für Manuelle Drucktechniken und für Keramik an der PH Karlsruhe. Zahlreiche Ausstellungen im In- und Ausland; zahlreiche Buchveröffentlichungen. Auszeichnung mit der Ehrennadel für Heimatpflege des Regierungspräsidiums Karlsruhe 2002.

Was mich nicht umwirft, macht mich stärker.

Schweizer, Prof. Dr. Hans
Diplom-Chemiker, Ortsvorsteher
geb. 1941 in Freiburg

Studium in Freiburg (Romanistik) und Karlsruhe (Chemie) ab 1960. Promotion in Chemie 1968 über ein Thema zur Wiederaufarbeitung von Kernbrennstoffen. Anschließend Mitarbeit als Stv. Gruppenleiter im Projekt „Schneller Brüter" im Forschungszentrum Karlsruhe. Einstieg in den Bereich Angewandte Technische Informatik zur Bearbeitung von Themen der Freisetzung von radioaktiven Stoffen bei Reaktorstörfällen. 1972 Umstieg in den Bereich Wirtschaftspädagogik / Wirtschaftsinformatik. Fortbildung von Lehrern im kfm. Schulwesen, parallel hierzu Lehrer im kfm. Schulwesen. Autor mehrerer Lehrbücher zur Wirtschaftsinformatik. 1977 Lehraufträge zunächst zur Technischen Informatik und zur Reaktorsicherheit im Studiengang Strahlenschutz an der Berufsakademie Mannheim; ab 1979 zur Wirtschaftsinformatik im Studiengang Industrie (Berufsakademie Karlsruhe). Leiter Studiengang Sicherheitswesen an der Berufsakademie Karlsruhe. 1981 Umzug nach Ettlingen-Schluttenbach. Einstieg in die Kommunalpolitik 1984 als CDU-Kandidat für den Ortschaftsrat; 1988 gewählt und bis heute dort aktiv. Von 1989 bis 1992 Stadtverbandsvorsitzender der CDU Ettlingen, Mitwirkung beim ersten Wahlkampf westlichen Typs in Löbau. Gründung des Pfennigbasar e.V. und dessen Vorsitzender über mehrere Jahre. Seit 1999 bis heute Ortsvorsteher in Schluttenbach. Bis 2004 auch einige Jahre Mitglied des Ettlinger Gemeinderats.

Toleranz –
auch wenn's manchmal schwer fällt!

Schwendemann, Dipl. Ing. Günter
Geschäftsführer
geb. 1965 in Haslach / Kinzigtal

1984 Abitur am Technischen Gymnasium in Wolfach. Von 1984 bis 1989 Maschinenbaustudium Fachrichtung Fertigungstechnik an der Fachhochschule Offenburg. Von 1989 bis 1998 Leiter Qualitätswesen und Produktionsleiter bei der Firma Masco Tech Holzer in Zell am Harmersbach, von 1998 bis 2001 Leiter Kundencenter BMW/GM und stellvertretender Werkleiter bei der Firma Webasto Karosseriesysteme in Schierling bei Regensburg. Seit 2001 Geschäftsführer bei der Firma Promera

Ettlingen Feinschneidtechnik GmbH, ein Tochterunternehmen der Feintool AG in Lyss/Schweiz. Die Firma Promera ist Hersteller von hochpräzisen Feinstanzteilen und Komponenten für die internationale Automobilindustrie. Tätigkeit als ehrenamtlicher Richter beim Arbeitsgericht Karlsruhe.

Wer sein Ziel nicht kennt, braucht sich nicht wundern, wenn er ganz woanders ankommt.

Seeger, Alfred
Bürgermeister a.D.
geb. 1931 in Karlsbad

Erste Schuljahre in Spielberg, nach bestandener Aufnahmeprüfung Wechsel ins Gymnasium Ettlingen, mit Abschluss „Mittlere Reife" 1949. Anschließend Lehre zum Industriekaufmann bei den Ettlinger Ferma Werken. 1951 Einstieg als Finanzbuchhalter bei der Firma Petri & Co. in Karlsruhe-Rüppurr und machte hier beruflich rasch Karriere. Bereits in jungen Jahren Verkaufsleiter und geschäftsführender Prokurist. Nach 28 Jahren in leitender Stellung in der Industrie Wechsel in die Kommunalpolitik. 1979 Bewerbung in seinem Heimatort Karlsbad um das Amt des Bürgermeisters. Bereits im ersten Wahlgang als parteiloser Newcomer mit fast 58% der Stimmen gegen den amtierenden Bürgermeister gewählt, damals eine Sensation. Zwei Mal von der Bevölkerung mit großer Mehrheit im Amt bestätigt. 1999 nach 20 Amtsjahren Verabschiedung in den Ruhestand. Einstimmige Ernennung zum Ehrenbürger durch den Gemeinderat von Karlsbad. Träger des Bundesverdienstkreuzes am Bande. Lebt heute wieder in Ettlingen, dort, wo seine schulische und berufliche Laufbahn begann.

Seemann, Robert
Rektor i.R., Ortsvorsteher
geb. 1934 in Ettlingen

Von 1941 bis 1946 Besuch der Thiebauthschule, danach von 1946 bis 1955 des Realgymnasiums Ettlingen. Abschluss 1955 mit dem Abitur. Von 1955 bis 1957 Student des PIST Karlsruhe. Ausbildung zum Volksschullehrer. Von 1957 bis 1960 erste Stelle in Oberweier. Von 1960 bis 1966 Schulleiter der Volksschule Oberweier, 1966 bis 1968 Teillehrauftrag Hauptschule Bruchhausen. Von 1968 bis 1972 in Quagadugu Obervolta / Burkina Faso Afrika. Von 1972 bis 1980 Konrektor der Grund- und Hauptschule Bruchhausen, danach von 1980 bis 1997 Rektor der Grund- und Hauptschule Pestalozzi in Ettlingen. Seit 1997 im Ruhestand.

Mit Humor geht alles besser. Glaubwürdigkeit, Ausdauer und Fleiß sind kennzeichnend.

Seitz, Manfred Jürgen
Kaufmann, Geschäftsführer
geb. 1938 in Karlsruhe

1969 bis 1970 Managementausbildung in den USA mit Stationen in New York, Baltimore und Studium an der Harvard Business School in Boston. 1963 Beginn seiner Tätigkeit bei Firma Elbatainer als Sachbearbeiter und in weiteren Positionen, bis hin zum Prokuristen und Leiter der Sparte Kunststoff-Fensterprofile. Badischer Handballmeister mit dem TSV Rintheim im Jahr 1962. Inhaber der Firma aluplast GmbH zusammen mit den Söhnen Dirk und Patrick. Im Mai 2005 Auszeichnung als die erfolgreichste deutsche Firma in Warschau für das unternehmerische Engagement in Mittel- und Ost-Europa (MOE), verliehen durch das Unternehmermagazin „Impulse". Im April 2004 Auftritt im Ersten Deutschen Fernsehen (ARD) im Wirtschaftsmagazin „Plus Minus". 1982 gegründet, hat sich das Unternehmen mit damals 27 Mitarbeitern und kleinen Aufträgen in 22 Jahren zu einem großen europäischen Unternehmen entwickelt, mit 1.100 Beschäftigten, 8 Produktionsstandorten und 13 Verkaufsbüros mit Lagern.

Sich machbare Ziele setzen und immer an die Zukunft glauben.

Seyboldt, Thomas
Liedpianist, Musikwissenschaftler

Als renommierter Liedpianist Konzerttätigkeit mit Gesangsolisten von internationalem Ruf (Thomas Quasthoff, Ulrike Sonntag, Cornelius Hauptmann, Christiane Hampe, Scot Weir, Hans Christoph Begemann, Markus Schäfer u.a.). Konzertreisen in Europa, Südamerika und Asien, zahlreiche Rundfunkaufnahmen bei verschiedenen europäischen Sendern, CD- und Fernseh-Produktionen. Initiator und Künstlerischer Leiter der „Schubertiade im Ettlinger Schloss · Forum für Liedkunst", dort als weltweit einziger Pianist öffentliche Aufführung des gesamten Liedwerks Franz Schuberts (1993-2001). Seither weitere Programmschwerpunkte: Robert Schumann, Heinrich Heine, Johannes Brahms und die Vokalensembles von Schubert, deren öffentliche Gesamtaufführung 2002 begann und die eine Weltpremiere ist. Mitautor beim SchubertLiedLexikon, der ersten wissenschaftlich aufbereiteten Gesamtdarstellung zu diesem Thema (Bärenreiter, 2006). Assistent bei Meisterkursen von Elisabeth Schwarzkopf. Dozent an der Musikhochschule Karlsruhe, Gastprofessor am Conservatory of Music in Xi'an / VR China. Neben der internationalen Tätigkeit als Liedpianist seit Studienzeiten pädagogische Arbeit als Chorleiter seit 1989 beim „Singkreis Ettlingen" mit dem Ziel, professionelle Musiziervorstellungen auch im Laienbereich zu vermitteln.

Was wäre das Leben ohne Musik!

Sigloch, Walter
Diplom-Verwaltungswirt,
Immobiliengutachter
geb. 1941 in Ravensburg

Studierter Diplom Verwaltungswirt und Immobiliengutachter. Wohnhaft in Amstetten, von 1966 bis 1995 dortiger Bürgermeister. Organisation von Dampfzugfahrten für die Ulmer Eisenbahnfreunde zwischen Amstetten und Gerstetten. Unter seiner Leitung wurde die Schmalspurbahn Amstetten-Oppingen aufgekauft und von den Ulmer Eisenbahnfreunden betrieben. Die Aktivitäten der Ulmer Eisenbahnfreunde erstreckten sich bald mit dem Wohlwollen der AVG auch auf die Albtalbahn Ettlingen-Bad Herrenalb. Die Sektion Ettlingen ist heute ein wesentlicher Bestandteil des Vereins UEF.

Spilling-Nöker, Christa
Pfarrerin im Schuldienst, Autorin
geb. 1950 in Hamburg

Nach dem Abitur in Hamburg von 1970 bis 1974 Studium der Theologie und Erziehungswissenschaften in Hamburg und Göttingen. 1974 Examen. Lehrvikariat in Freiburg und Heidelberg. 1976 Ordination in der Christuskirche in Karlsruhe, dort Pfarrvikariat. Seit 1977 Pfarrerin im Schuldienst, nebenberuflich von 1978 bis 1982 tiefenpsychologische Zusatzausbildung. Autorin von Kurzgeschichten und meditativen Texten, zahlreiche Veröffentlichungen im Geschenkbuchbereich.

Es gibt kein ewiges Leben vor dem Tod. Also bedenke, was du sagst und was du tust und was du willst. Nicht alles lässt sich auf später verschieben.

Stahl, Peter
Notariatsdirektor
geb. 1947 in Karlsruhe

Ab 1958 Besuch der Internatsschule mit Abitur 1966 am Gymnasium der Zisterzienser in Mehrerau/Bregenz. Danach Jura-Studium in Heidelberg mit Abschluss des Ersten Staatsexamens. Von 1971 bis 1974 Referendar, nach dem Zweiten Staatsexamen Übernahme in den höheren Justizdienst als Richter beim Amtsgericht Bruchsal, dem Landgericht Karlsruhe – Zivilkammer – und unter Ernennung zum Richter auf Lebenszeit wieder als Jugendrichter beim Amtsgericht Bruchsal. 1979 Wechsel zunächst an das Notariat Durlach, dann an das Notariat Karlsruhe zur Erprobung. Von 1980 bis 2000 Notar des Notariats 5 Karlsruhe, seit 2001 Notariatsdirektor und Notar des Notariats 1 Ettlingen.

Non mergor!

Steiert, Dipl. Ing. Hanspeter
Geschäftsführender Gesellschafter
geb. 1949 in Titisee/Neustadt

Von 1955 bis 1960 Besuch der Grundschule in Feldberg/Schwarzwald. Von 1960 bis 1968 Gymnasium in Neustadt/Schwarzwald mit Abschluss Abitur. Von 1968 bis 1969 Grundwehrdienst, danach von 1969 bis 1974 Studium in Maschinenbau an der Universität Karlsruhe (TH). Von 1974 bis 1982 im Softwarehaus IKOSS GmbH Stuttgart tätig in den Bereichen Entwicklung, Beratung und Vertrieb. Seit 1982 Geschäftsführender Gesellschafter der ISTEC GmbH, Ettlingen/Stuttgart. Von 1986 bis 1997 Lehrbeauftragter CAD/CAM an der Fachhochschule für Gestaltung, Technik und Wirtschaft Pforzheim. Seit 1998 Wirtschaftsrat der CDU e.V., Sprecher des Sektionsvorstandes Karlsruhe-Bruchsal, seit 2001 Mitglied des Landesvorstandes Baden-Württemberg.

Engagiert in der CDU, im IHK-Ausschuss Technologieorientierter Unternehmen, im Freundeskreis der Informatik der Universität Karlsruhe (TH), im Förderkreis des FZI (Forschungszentrum Informatik Karlsruhe), im CyberForum in der TechnologieRegion Karlsruhe e.V. und im Partnerschaftskomitee Malsch-Sézanne (seit 1991).

Die kürzeste Verbindung zwischen zwei Punkten ist nur in der Mathematik eine Gerade.

Steinbach, Werner
Opernsänger
geb. 1931 in Leipzig

Von 1951 bis 1956 Studium an der Staatlichen Hochschule für Musik in Leipzig. Von 1956 bis 1961 Mitglied der Deutschen Staatsoper Berlin. Von 1950 bis 1961 Gastvertrag Metropoltheater Berlin. 1961 Flucht aus der damaligen DDR. Von 1961 bis 1964 Opernsolist (Bassbariton) der Städtischen Bühnen Mainz. Von 1964 bis 1996 Opernsolist (Bassbariton) und 20 Jahre Personalratsvorsitzender des Staatstheaters Karlsruhe. Seit 1996 Ehrenmitglied des Badischen Staatstheaters und Träger des Bundesverdienstkreuzes am Bande. Er wohnt mit seiner Frau, der Kammersängerin Christa Lehnert-Steinbach in Ettlingen.

Lehnert-Steinbach, Christa
Kammersängerin
geb. 1934 in Braunschweig

Abitur 1954 in Hamburg. Ab 1952 Gesangsstudium bei Bayreuthsänger Richard Lüthjohann, Lehrer des Vaters Fritz Lehnert, langjähriger lyrischer Tenor an der Staatsoper Hamburg. Von 1954 bis 1955 Opernklasse Musikhochschule Hamburg. Von 1955 bis 1956 Opernklasse Konservatorium Braunschweig. Von 1956 bis 1958 Nachwuchsensemble der Deutschen Staatsoper Berlin. Von 1958 bis 1961 Opernhaus Leipzig. Danach Flucht aus der damaligen DDR. Von 1961 bis 1964 Städtische Bühnen Mainz. Von 1964 bis 1967 Staatstheater Karlsruhe. Von 1967 bis 1971 Nationaltheater Mannheim. Von 1971 bis 1999 Staatstheater Karlsruhe. 3638 Auftritte in 126 verschiedenen Partien. Gastspiele an allen namhaften Opernhäusern Deutschlands. Internationale Tätigkeiten in Europa als Jurorin und Masterclasses. Gesangkurse in Deutschland, Schweiz, Frankreich und China. 1975 bis 1999 Gesangsdozentur an der Staatlichen Hochschule für Musik in Karlsruhe. Acht Jahre Vorsitzende des Ortsverbandes der GdBA in Karlsruhe. Zwölf Jahre stellvertretende Landesvorsitzende des Landesverbandes der GdBA Baden-Württemberg und fünf Jahre Mitglied des Landesverbandes für Kommunikation und Medien BW. Vier Jahre Laienrichterin im Berufsverband Karlsruhe. Frauenausschuss des DGB in Karlsruhe und im Landesverband BW. Verheiratet mit Opernsänger Werner Steinbach. Gemeinsamer Sohn Andreas.

Suciu, Emilia
Galeristin
geb. 1939 in Alba-Julia / Rumänien

Studium der Philologie an der Universität „Babes Bolyai" und der Kunstgeschichte an der Hochschule für Bildende Kunst „Ion Andreescu" in Siebenbürgen/Rumänien. 1988 Eröffnung einer Kunstgalerie in Karlsruhe. 1993 Umzug von Karlsruhe in eine Ettlinger Industrievilla von 1893. Die Galerie vertritt mehr als 50 Künstler aus verschiedenen europäischen Ländern und gibt so einen Einblick in Tendenzen und Positionen der europäischen konstruktiv-konkreten Kunst der Gegenwart. Höhepunkte der Galerieaktivitäten sind grenzüberschreitende Ausstellungen wie „Konstruktive Kunst in Europa ab den 20er Jahren" 1992, „Konstructive Art in Europe at the Threshold of the Third Millennium" 2000, „Arte Madi – Freie Geometrie" 2001 und „Frankreich – konstruktiv-konkret" 2001. Emilia Suciu ist außerdem Kuratorin und Initiatorin einer privaten Sammlung für rumänische Malerei mit dem Titel „Rumänische Malerei im 20. Jahrhundert".

Taller, Siglinde
Dipl. Bibliothekarin
geb. 1958 in Reichenbach

Nach dem Abitur 1977 Studium an der Hochschule für Bibliothekswesen in Stuttgart. Seit 1980 Leiterin der Stadtbibliothek Ettlingen. Nach Fertigstellung des Umbaus 1988 Umzug in die Exerzierhalle, dem neuen Domizil der Stadtbibliothek. Seither Ausbau der Bibliothek zu einem lebendigen Kultur- und Kommunikationsort mit qualifiziertem Bestand.

Carpe diem.

Tewes, Detlef
Mandolinenvirtuose, Dirigent
geb. 1960 in Essen

1980 Abitur am Gymnasium in der Wolfskuhle in Essen. Ab 1980 Studium an der Musikhochschule Köln Institut Wuppertal mit den Hauptfächern Mandoline und Cembalo. 1987 Staatliche Musiklehrerprüfung, 1988 Künstlerische Reifeprüfung, 1989 Konzertexamen. Kulturpreisträger der Stadt Essen. Preisträger der 28. Bundesauswahl junger Künstler „Podium junger Solisten". 1. Bundespreisträger des Wettbewerbs Jugend musiziert. Weltweit über 2000 Konzerte und Vorstellungen mit Sinfonieorchester, Kammerorchester, Opernorchester, Zupforchester als Dirigent und Mandolinenvirtuose, u.a. in den USA, in Brasilien, Russland, Japan und Australien. Dirigenten u.a.: Claudio Abbado, Pierre Boulez, Sylvian Cambrelin, Michael Gielen, Peter Eötvös, Lorin Maazel, James Levine, Sir Simon Rattle, Frank Zappa. Orchester u. a.: Berliner Philharmoniker, Il Giardino Armonico, Milano, Ensemble Modern / Frankfurt, Ensemble Inter Contemporain / Paris, Elision Ensemble / Melbourne. Über 20 CD Aufnahmen u.a. mit Boris B. Bagger (Gitarre), Otto Freudenthal (Klavier), Zappa / Ensemble modern. Über 30 Uraufführungen (Werke, die ihm gewidmet wurden). Über 100 Fernseh- und Rundfunkproduktionen weltweit. Über 150 Notenausgaben. Lebt seit 2004 in Ettlingen.

Optimistisch durchs Leben gehen.

Tino
Autor und Illustrator
geb. 1962 in Augsburg

Seine Figuren und Geschichten, die längst ihre Reise in die Welt angetreten haben, sollen vor allem Kinderherzen erfreuen.
Seine eigene Kindheit und Jugend verbrachte er in Ettlingen und Karlsruhe. Ausbildung zum Erzieher. Studium der Sozialpädagogik in Darmstadt (FH). Praktikum beim Hessischen Rundfunk in Frankfurt/Main. Volontariat beim SWR in Stuttgart. Seit 1990 freiberuflicher Kinderbuchautor und Illustrator (u.a. für Michael Ende). Über 100 Rundfunkbeiträge. Zahlreiche Kinderbücher (übersetzt in acht Sprachen) u.a. Hier kommt Pfefferminz 1997. Die Hexe in der Badewanne 2001. Das Krokodil mit

den Turnschuhen 2003. Die geheimnisvolle Zauberfeder 2004. Erschienen im bekannten Kinderbuchverlag Ravensburger. Ausgedehnte Lesereisen durch ganz Deutschland und andere Staaten. Diverse Anthologiebeiträge bei Ravensburger, Suhrkamp, Arena, Loewes u.a. Mitarbeit bei verschiedenen Schulbüchern (u.a. Diesterweg und Schroedel). Zahlreiche Illustrationen für verschiedene Institutionen. Auswahl Junges Literaturforum Hessen, Stipendium des Hessischen Ministeriums für Wissenschaft und Kunst, Förderstipendium deutscher Schriftsteller in Baden-Württemberg. Verschiedene Kinderbuchpreise u.a.: zweimal „Buch des Monats" der Deutschen Akademie für Kinder- und Jugendliteratur, Kinderbuchpreis „Paderborner Hase" der Stadt Paderborn.

Das Leben ist eine Reise.

Vetter, Dr. Erwin

Minister a.D., Präsident der Führungsakademie Baden-Württemberg. Mitglied des Landtags von Baden-Württemberg
Ehrenbürger der Stadt Ettlingen
geb. 1937 in Mannheim

Wie kaum ein anderer hat er der Stadt Ettlingen neue Konturen und Impulse sowohl im städtebaulichen Bereich als auch im Hinblick auf das kulturelle Leben der Stadt gegeben. Durch ihn erlangte die Stadt ein neues vitales Selbstwertgefühl. Für seine außerordentlichen Verdienste verlieh ihm der Gemeinderat die Ehrenbürgerwürde.
Abitur in Mannheim. 1956 Studium der Rechtswissenschaft in Heidelberg und Würzburg. Erstes Staatsexamen 1960. Zweites Staatsexamen 1964. Von 1964 bis 1972 Beamter der Innenverwaltung Baden-Württemberg (Landratsamt, Regierungspräsidium, Staatsministerium). Von 1972 bis 1987 Bürgermeister und Oberbürgermeister in Ettlingen. Von 1987 bis 1992 Umweltminister, danach bis 1996 Minister im Staatsministerium. Von 1996 bis 1998 Sozialminister. Seit 1999 Präsident der Führungsakademie Baden-Württemberg. 1973 bis 1987 Mitglied des Kreistages und Fraktionsvorsitzender im Kreistag des Landkreises Karlsruhe. Mitglied des CDU-Bezirksvorstands seit 1973 und des Landesvorstands seit 1983. Mitglied des Landtages von Baden-Württemberg seit 1992 (Direktmandat im Wahlkreis Ettlingen). Mitglied im Kuratorium der Fachhochschule Karlsruhe und des Dualen Senats der Berufsakademie Karlsruhe. Präsident der Josef-Saier-Stiftung Ötigheim. Vorsitzender des Beirats der Kunststiftung Baden-Württemberg. Ehrenvorsitzender der Europäischen Bewegung Baden-Württemberg. Mitglied des Hörfunkrates des Deutschlandradio, Köln. Mitglied des Beirats der Landeskreditbank – Förderbank.

Vogel, Dipl. Brau-Ing. Rudi
Brauerei-Inhaber
geb. 1954 in Busenbach

Bei ihm treffen sich nicht nur die Ettlinger gern. Nach dem Abitur 1973 am Technischen Gymnasium Ettlingen folgten Bundeswehr und Praktika bei den Brauereien Moninger und Hoepfner in Karlsruhe. Anschließend Studium in Weihenstephan von 1976 bis 1981 mit Abschluss zum Diplom-Brau-Ingenieur. Danach verschiedene Beschäftigungen in Brauereien und bei Hopfenherstellern. Eröffnung des ersten Hausbräus im gesamten süddeutschen Raum 1985 in Karlsruhe, des 3. in Deutschland überhaupt. Es folgten weitere Eröffnungen von Hausbrauereien: 1988 in Ettlingen, 1996 in Dresden und 2004 in Karlsruhe-Durlach. 2005 wurde ihm die Auszeichnung „Badener des Jahres" verliehen.

Wachter, Prof. Emil
Maler und Bildhauer
geb. 1921 in Neuburgweier

Mit seinem eindrucksvollen Deckengemälde in der Martinskirche hat er sich in Ettlingen verewigt.
1939 Abitur am Bismarck-Gymnasium Karlsruhe. 1940 Beginn des Theologie-Studiums in Freiburg im Breisgau. Von 1941 bis 1946 Kriegsdienst und Gefangenschaft. 1943 Beginn der künstlerischen Tätigkeit. Von 1946 bis 1948 Fortsetzung des Studiums der Theologie. Von 1949 bis 1954 Studium an der Kunstakademie Karlsruhe. Von 1958 bis 1963 Professor an der Staatlichen Akademie der Bildenden Künste. Danach wieder tätig als freischaffender Maler und Bildhauer. 1994 Errichtung der „Emil-Wachter-Stiftung". 1996 Gründung des "Freundeskreises der Emil-Wachter-Stiftung e.V." Ausstellungen im In- und Ausland, darunter die große Retrospektive 1996 im Badischen Kunstverein e.V. Karlsruhe. Wichtige Arbeiten: Schloßbergsteg in Freiburg, Frauenbrunnen und Waldstadtbrunnen in Karlsruhe, Haus der Abgeordneten des Landtags von Baden-Württemberg in Stuttgart, Autobahnkirche St. Christophorus in Baden-Baden, Domkirche

zur Goldenen Madonna in Essen, Pfarrkirchen St. Martin und Herz-Jesu in Ettlingen, St. Johannes in Heidelberg-Rohrbach, St. Gallus Konstanz, St. Elisabeth in Landau, St. Ludwig in Ludwigshafen am Rhein, St. Kilian und St. Philippus in München, St. Marien in Neuss, St. Kilian in Osterburken, St. Peter in Rantum auf Sylt, Zwölf Apostel in Rastatt u.v.a. Er erhielt zahlreiche Preise und Ehrungen, u.a. Ehrenbürgerwürde der Stadt Rheinstetten, Kunstpreis der Jugend Baden-Württemberg, Kunstpreis der Stadt Karlsruhe, Graphikpreis der Gesellschaft der Freunde junger Kunst in Baden-Baden, Hans-Thoma-Staatspreis Baden-Württemberg, Staatspreis "Kunst am Bau des Landes Rheinland-Pfalz", Verdienstmedaille des Landes Baden-Württemberg, Staatspreis für Architektur und Bildende Kunst des Landes Rheinland-Pfalz, Bundesverdienstkreuz 1. Klasse, Komtur des Päpstl. Silvesterordens, Kunstpreis der Stiftung Bibel und Kultur, Stuttgart. Ernennung zum Professor. Zahlreiche Publikationen („Aquarelle", „Begegnungen", „Leben gemalt".)

Wäldele, Wolfgang
Rektor
geb. 1948 in Karlsruhe

Nach Abitur und Studium für das Lehramt an GHS und Realschulen erste Stelle an der Verbundschule in Knittlingen bei Bretten; danach 20 Jahre Lehrer an der Geschwister-Scholl-Realschule im Bildungszentrum Pfinztal. Von 1996 bis 2001 Konrektor an der Werner-von-Braun-Realschule im Schulzentrum Rheinstetten, von 2001 bis 2004 Schulleiter der Realschule im Bildungszentrum Salem am Bodensee und seit 2004 Realschulrektor der Anne-Frank-Realschule im Schulzentrum Ettlingen am Horbach-Park. Weitere berufsbezogene Aufgaben und Tätigkeiten: Für etwa zehn Jahre Fortbildner für das Oberschulamt Karlsruhe (SMV, Suchtprävention), Beratungslehrer (zuständig für eine Grundschule, eine Realschule und ein Gymnasium), fünf Jahre Prozessbegleiter für Schulentwicklungsprozesse. Einige Jahre im Teamvorstand der GEW Karlsruhe-Land. Mitglied im europäischen Netzwerk „Organisationsentwicklung an Schulen" der Uni Dortmund und pädagogischer Beirat im BLK-Modellprojekt „Demokratie lernen und leben" der Uni Berlin. Berater für Pädagogisches Management beim Oberschulamt Karlsruhe. Mitglied der Arbeitsgruppe „Evaluation und Qualitätssicherung" des Landesinstituts für Schulentwicklung in Stuttgart.

Es gibt immer einen Weg.

Weber, Wilfried
Bäckermeister, Geschäftsführer
geb. 1954 in Darmstadt

Besuch des Gymnasiums Schuldorf/Bergstraße bis 1970, anschließend der Fachoberschule in Detmold bis 1972.

Bäckerlehre 1973 in Darmstadt und Umzug nach Karlsruhe 1977. Dort Übernahme der Bäckerei Helmer durch die Eltern, Mitarbeit bis 1984. Selbstständig durch Übernahme der Bäckerei Ludwig Weber in Karlsruhe Daxlanden bis 1992. Seit April 1992 Zusammenschluss der beiden Betriebe und Geschäftsführung der „Badische Backstub". Verlegung des Geschäftssitzes, der Produktion und der Verwaltung nach Ettlingen im Jahr 2004.

Nur das, was Du gibst, gehört Dir.

Werner, Elke
Ortsvorsteherin
geb. 1957 in Ettlingen

Besuch des Eichendorff-Gymnasium Ettlingen. Ausbildung zur Arzthelferin und Tätigkeit in mehreren neurologischen Praxen in Ettlingen. 1980 und 1983 Geburt der Kinder und mehrjährige Familienpause. 1987 Wiedereinstieg in den Beruf. Fortbildung zur Büroleiterin und ab 1997 zusätzlich Mitarbeit im Ingenieurbüro des Ehemannes. Seit 1999 Mitglied im Ortschaftsrat Spessart und ab 2004 dort auch Ortsvorsteherin. Seit 2003 Beisitzerin im Vorstand der CDU Ettlingen. Sängerin beim Gesangverein Germania Spessart seit 1973 mit späterem Lehrgang zur Vizedirigentin. Mitglied in mehreren Spessarter Vereinen.

*Ich, das sollte nie die Krone
Deines Denkens sein –
Wir, und Du bist nie allein!*

Werner, Josef
Journalist
geb. 1914 in Ettlingen

Er hat Zeitungsgeschichte geschrieben. Über 30 Jahre gehörte er der Redaktion der Badischen Neuesten Nachrichten an. Als Chef der Karlsruher Lokalredaktion war er eine Institution. Geboren als Sohn des Postschaffners Josef Werner und seiner Ehefrau Anna, geb. Kühn. Die Mutter gründete als Autodidaktin eine Kochschule und wurde Verfasserin mehrerer sehr erfolgreicher Kochbücher. Besuch der Volksschule Ettlingen und der humanistischen Gymnasien in Rastatt und Freiburg. Hier 1934 Abitur. Es folgten Arbeitsdienst in Ostpreußen und drei Semester Studium an der Universität Freiburg. Daneben Zeitungsvolontariat. Danach Besuch der Reichspresseschule in Berlin. Freier Mitarbeiter bei Berliner Zeitungen und Redakteur bei der Deutschen Nachrichtenagentur. Von 1937 bis 1945 Soldat. Nach Kriegsende Flucht aus russischer Gefangenschaft in der Tschechoslowakei. Ab Herbst 1946 Redakteur beim „Südwestecho" in Rastatt, dann bei der „Karlsruher Neuen Zeitung". Nach deren Liquidierung von 1950 bis Ende 1981 Chef der BNN-Redaktion Karlsruhe-Stadt, ab 1975 zugleich stellvertretender Chefredakteur. Nach der Zurruhesetzung Verfasser zeitgeschichtlicher Bücher wie „1945 – Karlsruhe unterm Hakenkreuz, Trikolore und Sternenbanner", „Hakenkreuz und Judenstern – Das Schicksal der Karlsruher Juden im Dritten Reich" und mehrerer Karlsruher Jahrzehnte-Bild- und Text-Bände. Im Sommer 2005 erschien als jüngstes Werk unter dem Titel „Kochmutter Anna Werner" die Familiengeschichte, die auch vielfältige orts- und zeitgeschichtliche Hinweise enthält.

Nie aufgeben!

Wernthaler, Michael
Polizeioberrat
geb.1961 in Wertheim / Main

Ausbildung bei der Bereitschaftspolizei in Göppingen. 1984 bis 1987 Streifendienst beim Polizeirevier Backnang (Rems-Murr-Kreis). Von 1987 bis 1992 Erwerb der Fachhochschulreife und Studium an der Fachhochschule für Polizei in Villingen-Schwenningen. Von 1992 bis 1994 Dienstgruppenleiter des Autobahnpolizeireviers Dietzingen. Von 1994 bis 1997 beim Innenministerium BW, Landespolizeipräsidium, im Referat Organisation beschäftigt. Von 1997 bis 1999 Studium an der Führungsakademie der Polizei in Münster. 1999 bis 2000 Referatsleiter Verkehr bei der Landespolizeidirektion Karlsruhe. Seit Juli 2000 Leiter des Polizeireviers Ettlingen.

Klare Linie mit Herz!

Worms, Peter
Geschäftsführer,
Mitglied des Ettlinger Gemeinderates
geb. 1951 in Nürnberg

Als Sohn eines deutschen Vaters und einer italienischen Mutter in Deutschland geboren, in Italien die Kinderjahre verbracht. Seit 1960 wohnhaft in Ettlingen. Gelernter Bankkaufmann und Betriebswirt. Seit 1977 selbständig als Geschäftsführer und Eigentümer von verschiedenen Lebensmittelproduktions- und -handelsbetrieben. Gründungsmitglied der politischen Vereinigung „FE – Für Ettlingen" und seit 2004 im Gemeinderat der Stadt Ettlingen.

Ich versuche im Leben immer fair zu sein und behandle andere Menschen so wie ich selbst behandelt werden will.

Zepf, Bernhard
Hotelier
geb. 1961 in Tübingen

Ausbildung zum Koch im Hotel Bareiss von 1979 bis 1982. Weiterbildung in Paris, unter anderem im Restaurant Hotel „Au Pressoir" und im Restaurant „Lucas Carton". Anschließend Empfangspraktikant im Hotel „Badischer Hof" in Baden-Baden. 1987 als Food & Beverage Trainée im „Nassauer Hof" in Wiesbaden, dort binnen Jahresfrist Aufstieg zum stellvertretenden Wirtschaftsdirektor. Mitte 1989 Verwirklichung des Traums von der Selbständigkeit durch Übernahme des „Freihofs" in Wiesloch. Seit Frühjahr 1993 zusätzlich Inhaber des Hotel-Restaurants „Backmulde" in Heidelberg. Zu Beginn des Jahres 1999 Erwerb des Hotel-Restaurant „Erbprinz" von der Familie Gietz. In den folgenden Jahren erstrahlt das Haus nach umfangreichen Um- und Neubauten unter Wahrung der Traditionsaspekte in neuem Glanz. Das 83-Zimmer Hotel ist heute mit 5 Sternen ausgezeichnet und bietet neben Tagungs- und Wellnesseinrichtungen eine bekannte und beliebte Gastronomie.

Der Kopf ist rund, damit die Gedanken kreisen können.

Zeuner, Waldemar
Diplom-Designer
geb. 1949 in Calw

Von 1974 bis 1978 Designstudium mit Abschluss an der Fachhochschule für Gestaltung in Pforzheim. Parallelstudium Betriebswirtschaft Fachrichtung Werbung an der Fachhochschule für Wirtschaft in Pforzheim. Trainée bei der amerikanischen Werbeagentur Thomsen in Frankfurt. 1978 beruflicher Einstieg als Artdirektor bei Hans-Dieter Rufs Werbeagentur MRK in Ettlingen. 1985 Sprung in die Selbständigkeit und Gründung von zwei Werbefirmen, der Werbeagentur Zeuner GmbH und der Kreativ Marketing W. Zeuner.

Ich liebe meine Arbeit und genieße sie!
Ich liebe meine Freiheit und genieße sie!
Ich liebe mein Leben und genieße es!

Zimmermann, Ulrich
Schriftsteller und Lehrer
geb. 1944 in Danzig

Wuchs in Süddeutschland auf. Besuchte in Freiburg das Kepler-Gymnasium und studierte in Karlsruhe an der Pädagogischen Hochschule. Seit 1962 ist er als Autor, seit 1970 auch als Lehrer tätig. Er war lange Jahre Mitglied im Vorstand des Verbandes deutscher Schriftsteller in der IG Medien (Landesverband Baden-Württemberg), vertrat die Schriftsteller im Rundfunkrat des SDR und ist Gründungsmitglied der "Ateliergemeinschaft Wilhelmshöhe" in Ettlingen. Seit 2001 ist er Vorsitzender des Förderkreises deutscher Schriftsteller in Baden-Württemberg. Er schreibt und veröffentlicht Lyrik und Prosa und versucht als Herausgeber Autorinnen und Autoren bei ihren ersten Schritten ans Licht der Öffentlichkeit zu unterstützen. 1970 Preis „Junge Poesie", 1990 Wettbewerb „Die IGA und das Wort" – Wahl und Umsetzung seines Gedichtes „stabat mater purpurea". Stipendien des Förderkreises deutscher Schriftsteller in Baden-Württemberg (1992) und der Kunststiftung Baden-Württemberg (1993).

Man sollte versuchen, mit den Früchten
aus Begabung und Arbeit sich selbst
und anderen zu nützen.